La belleza es verdad y la verdad belleza.
Es todo lo que necesitas saber en la tierra.

John Keats

Senté
a la belleza
para injuriarla,
pero ebria y sorda se ha dormido
en mis rodillas.

Tomás Salvador González

© José Saborit, 2025

Dirección editorial: Héctor Escobar
Director de la colección: Gustavo Martín Garzo
Fotografía de cubierta: José Ramón Vega
Diseño de la colección: Miguel Riera
Maquetación: Alberto R. Torices

ISBN: 979-13-87753-14-6
Dep. Legal: Le. 203-2025
Impreso en España — Printed in Spain

José Saborit
La belleza de **los árboles**

De la belleza (30)

José Saborit

La belleza de **los árboles**

EOLAS EDICIONES

ÍNDICE

ÁRBOLES

Porque tan de raíz lo han hecho cuerpo suyo,
amamos de los árboles lo mismo que ellos aman:

el silencio del sol y de la tierra
y el sonido del agua.

Antonio Moreno

Hoy, y no mañana. ¡Oh amante! ¿No ves
que la enredadera crecerá ciprés?

Juana de Ibarbourou

No más afán que regresar,
desaprender entre los árboles.

Wang Wei

ÁNGELES DE MADERA

Nunca salgo de viaje sin mi libreta. Por eso puedo afirmar que aquella era la noche del 26 de febrero de 2002. Regresaba al hotel ligeramente embriagado por el vino de la cena y muy embriagado por los ecos de las voces del congreso de Bellas Artes que se estaba celebrando en la Universidad de La Laguna con el título *Renovar la tradición.* Cruzaba la plaza del Adelantado y el cadencioso sonido de mis pasos no lograba superponerse a la algarabía coral de las resonancias interiores. De pronto reparé en la presencia iluminada de los árboles. Se hizo el silencio y me detuve en seco, clavado sobre la arena. Creo recordar que había plátanos, magnolios, acacias, jacarandas. No era, por supuesto, la primera vez que me cruzaba con ejemplares semejantes, ni la primera vez que el encuentro me producía una agradable sensación de gratitud y bienestar. Tenía muy claro, desde muy atrás, que el benéfico influjo de los árboles sobre los humanos era una de las pocas certidumbres que no había terminado derrumbándose con los años. Sin embargo, lo que aquella noche del 26 de febrero de 2002 estaba ocurriendo era otra cosa, poseía una naturaleza muy distinta. Nada tenía que ver con el juicio o la intelección. Nada que yo pudiera discernir, averiguar o concluir. Se trataba más bien de algo que me atravesaba dulcemente colándose entre los huecos de las redes del entendimiento y del lenguaje. Un inesperado aire remoto, un olor de linaje olvidado o de casa anterior a la primera casa me llegaba de más allá, de un más allá que era a la vez un más adentro, un más adentro y más afuera a la vez; un perfume infalible apaciguaba mi mente y, sin palabras ni argumentos, como solo el perfume sabe persuadirnos, venía a decirme que mi vida sería mejor si lograba orientarla hacia la compañía de los árboles. En silencio me lo decían los plátanos, las acacias, las jacarandas, los dragos, los olmos, los laureles…, y los magnolios me tendían sus raíces aéreas para que pudiera pensar en la paradoja de encontrar allí, en aquel aire lejano e intangible, algunas de mis más íntimas raíces.

Uno va y viene y no deja de moverse mientras ellos permanecen enraizados, y si les presta la debida atención, a lo largo del tiempo se convierten en golpes rítmicos, hitos en el fluir de la vida misma. Presencias permanentes por debajo del cambio constante, asideros que permiten un andar más firme en el torbellino desordenado de los días. Tablas, refugios, compañía: ángeles de madera.

PARAÍSO

El mítico paraíso terrenal —esa casa anterior a nuestra primera casa— ha sido objeto de infinitas especulaciones y representaciones. Un hipotético catálogo daría cumplida cuenta de la heterogénea diversidad con que se manifiesta la imaginación humana. Sin embargo, hay una constante ineludible entre todas las variantes: cuesta imaginar un paraíso terrenal sin la presencia de los árboles. Y eso mismo ocurre con los paraísos íntimos de quienes hemos pasado la infancia (o al menos los veranos infantiles) en entornos naturales. No podemos concebir arcadia alguna sin la presencia y la compañía de los árboles.

En uno de sus últimos libros, *Fleurs* (2021), Marco Martella nos recuerda los versos de Novalis: «El paraíso está disperso por toda la tierra, he ahí por

qué no sabemos reconocerlo.» El arte y la poesía
—prosigue—, sirven para reunir todos los pedazos del Edén que están dispersos por el mundo.

Quienes queremos reencontrar el camino de regreso y persistimos obstinados en la búsqueda o en
la *reconstrucción* del paraíso contamos, al menos,
con dos pistas: por una parte, sabemos que está
fragmentado y disperso por el mundo; por otra,
que allí donde haya arte, poesía y árboles, será más
fácil encontrarlo.

*

Habitar el tiempo y el espacio significa también
ir encontrando árboles, y si podemos verlos —y
apreciar su belleza— es gracias al bosque que llevamos dentro, donde cada nuevo ejemplar que nos
sale al paso encuentra su eco, su familia, su raíz.
En ese bosque interior de la memoria tienden a
enmarañarse felizmente confundidos los árboles
reales, los árboles hablados y los escritos, los árboles fotografiados y filmados, los árboles pintados.
No cabe distinción entre sueño y realidad, naturaleza y artificio.

Vemos los árboles que nos salen al encuentro desde la altura y la fronda de nuestro bosque interior, pero también a través de sus claros, por entre sus huecos y rendijas. Cuando la espesura se adensa y la trama es tan tupida que obtura la visión, entonces, dejamos de ver.

De ahí que convenga aligerar el equipaje para emprender este paseo. Una libreta y unos pocos árboles dispares bastarán, si no para sugerir un paraíso, al menos para dar cuenta de un breve recorrido en el que los ecos y las voces, las imágenes y los reflejos se enredan en un cálido abrazo. Y es algo parecido a una casa.

Una casa de árboles que, aún verdes, se resisten a la fuerza del olvido. Los hay frondosos, robustos, florecientes; otros frágiles, enjutos, desmochados. Pero todos, sin excepción, beben la misma savia: la savia del deseo de más vida.

En esa doble vida que las palabras fundan ya solo necesitan la luz de una mirada, el agua de unas horas, un cobijo en la tierra de alguna memoria. El aire que discurre entre quien escribió y quien lee.

ALGARROBO

Algunas veces, cuando el correr de los días te vacía por dentro y las fuerzas escapan y los cauces se estrechan y el presagio del fin se avecina y asoman, no por el lejano horizonte sino tras un seto cercano, las orejas del lobo; cuando cruje seca el alma y el cuerpo se resquebraja, yo hago lo posible por acercarme al viejo algarrobo que hay junto a la casa de verano. Allí donde un niño antepasado aprendió a trepar por el rugoso tronco y a conquistar la fronda verde, sonora, casi crujiente. Allí donde a finales de agosto recogía algarrobas del suelo y, sugestionado por su color chocolate brillante, se las llevaba a la boca y sentía en sus dientes la transición de lo dulce hasta lo amargo, como la vida misma. Me acerco y me asomo a su hueco, enorme y ruinoso. Me abismo en el vacío de su tronco y veo allí mi propio hueco y mi vacío, y al pequeño animal que también soy agazapado en el cálido regazo del retorno, perdido tantas veces.

Pregunto: ¿Por dónde logra ascender la savia, la savia viva por la leña muerta?, ¿cómo se puede ser frágil y recio a la vez, delicado y robusto?, ¿de qué manera te las ingenias para seguir dando tantos frutos cada verano, si casi se te quiebran las ramas por el peso? Y por toda respuesta el árbol calla y su silencio serena mis preguntas. En él y en su resistencia deposito mi esperanza. Quisiera ser su hermano. Mientras viva este algarrobo carezco de motivos para entregarme al desánimo o al abatimiento.

«Un árbol tiene esperanza: —nos dice Job (14, 7) en traducción de Víctor Herrero—/si es talado, rejuvenece,/ no cesa de retoñar».

DIADÚMENO

Regresamos ahora a la primavera de 1980. La facultad de Bellas Artes de Valencia se ubica en monasterio de Nuestra Señora del Carmen y el aula de *Dibujo de Estatua* de primer curso ocupa su antiguo refectorio. Sobre recias tarimas de madera se alinean valiosas réplicas en yeso de la estatuaria clásica: *La Venus de Milo, el Diadúmeno, La Victoria de Samotracia, el Apolo Sauróctono, el torso de Vulcano*, un esclavo moribundo de Miguel Ángel... Quienes pasamos allí largas horas tratando de dibujar con precisión sus formas y volúmenes nos sentimos observados, intimidados por estas impertérritas deidades cuya tradición, según se nos ha dicho, debemos renovar.

El catedrático que imparte la asignatura se llama Francisco Baños. Es natural de Linares y tiene tras de sí una intensa labor muralista durante el Franquismo. Se dio a conocer muy joven como dibujante, cuando retrató del natural a Manolete en su lecho de muerte, el 29 de agosto de 1947. Problemas de salud le impiden asistir a clase con regularidad y, cuando asiste, más que hablar, tose y carraspea. Si logra emprender una alocución tras aclararse trabajosamente la voz, apenas se le entiende. Su verbo florido y su oscuridad retórica no están al alcance de nuestro entendimiento, pero ejercen una misteriosa fascinación que nos mueve al aprendizaje. Como ejercicio final de curso plantea que realicemos dos dibujos a partir de la majestuosa figura del *Diadúmeno* de Policleto. El primero de ellos debe ser un análisis objetivo, con carboncillo, lápiz compuesto y difumino. El segundo, una interpretación libre. Todos trabajamos en ellos durante largas sesiones tratando de demostrar lo que hemos aprendido a lo largo del curso y cuando por fin llega el día de la entrega, disponemos nuestros dibujos sobre caballetes, en espera de la llegada del catedrático, que ha de corregirlos y evaluarlos en sesión pública.

El más alto de nuestros compañeros —dos metros y ocho centímetros y pelo teñido de color naranja— se llama Miguel Molina. Con el tiempo llegará a ser catedrático de Escultura y ya en aquella primavera del ochenta nos ofrece una prueba de su precoz talento. Su interpretación libre representa al atleta griego con respeto y corrección, pero de sus diminutos y mutilados genitales emerge el tronco de un árbol, con el volumen muy acentuado por el claroscuro, que se ramifica con brío hasta desbordar los límites del papel. Debajo, junto a su firma, ha escrito el título de su dibujo con letras mayúsculas: *Diadúmeno con falo arborescente*.

Se oyen a lo lejos unos familiares carraspeos. Don Francisco ha llegado al aula y va comentando uno a uno los trabajos. La expectación crece a medida que se acerca al dibujo de Miguel, a quien todos miramos en contrapicado sin ocultar la admiración que nos produce el coraje de su apuesta. Cuando por fin llega, don Francisco, que de tonto no tiene un pelo, sostiene un prolongado silencio, se hace cargo de la situación y comenta el dibujo intensificando el hermetismo de sus palabras. Por lo que llegamos a entender, se limita a desarrollar un desapasionado análisis formal, técnico y compositivo, entre cuyos meandros creemos distinguir apreciaciones positivas y hasta algún vago elogio.

Dos lecciones aprendemos ese día. La primera, que las complicidades artísticas pueden soslayar diferencias morales. La segunda, que un vigoroso brote vegetal puede nacer en el yermo yeso, como esos heroicos pinos que crecen entre las rocas de rodeno. Quienes hacemos nuestra la metáfora que Miguel ha tenido la osadía de poner ante nuestros ojos, comprendemos que la fuerza genésica del deseo renace y prolifera con pujanza vegetal, ya sea entre las piernas de un apolíneo atleta de escuálidos genitales o entre las escuálidas prerrogativas eróticas que cuarenta años de represión sexual nos han legado.

Tiene su equivalencia en otras muchas lenguas (*leaf green, laubgrün, vert feuillage, verde foglia...*) y se encuentra codificado con el número 6002 del sistema RAL de igualación de colores. Pese a ello, hay un diverso repertorio de tonalidades que se acogen literalmente a la holgura de esas tres palabras. De hecho, un buen ejercicio para afinar el ojo consiste en internarse en un bosque frondoso e intentar distinguir los diferentes verdes que nos van saliendo al paso. Cuando la oferta cromática disminuye y nos adaptamos a una gama limitada comenzamos a ver, por así decirlo, colores dentro de los colores, verdes dentro de los verdes, innumerables matices que obedecen a la diversidad existente en la familia de pigmentos denominada clorofila y a la peculiar gracia con que cada hoja *interpreta* su propio tono bajo unas condiciones lumínicas variables.

El modo en que las acículas de los pinos se saturan de amarillo al atardecer no es el mismo en que lo hacen las hojas del ciprés —por más que puedan confundirse—, y la manera en que viran hacia el azul las hojas de una encina joven cuando amanece tampoco es igual a la manera en que lo hacen las hojas de un olivo viejo.

Constatar que los colores del mundo desbordan sus nombres y poder atisbar la variedad cromática que se esconde en el seno de uno solo supone ya un considerable regalo para el entendimiento. Sin embargo, lo curioso es que frente a esa exuberante variedad de verdes que palpita en el interior del bosque frondoso, sentimos que todos *son* a la vez, extrañamente, el mismo verde, una densa atmósfera verde que se respira por la boca, por los ojos, por la piel y el cuerpo entero.

Y es ahí donde debemos detenernos. Por debajo de nuestras abstracciones mentales (y sin necesidad de hablar de cromoterapia), son los verdes quienes van haciendo su trabajo, impregnándonos desde los márgenes de nuestro pensamiento, en esa intimidad en la que las palabras apenas tienen nada que decir. Un fluido de luz verde nos recorre por dentro como savia, un elixir que provoca una estimulante vibración anímica.

Savia, también, de las etimologías, que enlaza nuestro «verde» con el adjetivo latino *virĭdis,* vigoroso, floreciente, joven. Y cómo no pensar entonces, mientras atravesamos las boscosas humedades, en la «lozana y verdecida» ancianidad del Caronte de Virgilio, *iam senior, sed cruda deo viridisque senectus* (*Eneida* VI, 304). Ahí sigue, abierto igual que una barcaza sobre las vetas de madera de la mesa, mi viejo ejemplar de la *Eneida,* tan joven como el primer día.

Octubre de 2021. Comienza el otoño. Sin embargo, parece primavera. Hace más de tres meses que el test de embarazo dio positivo. No me cabe en el cuerpo la alegría. Cojo la bicicleta por la tarde. Respiro luz cobriza. Y sé que es una suerte poder pedalear así mientras las piernas me lleven a su antojo por los huertos cercanos y a lo lejos, donde alcanza la vista a vislumbrar ese limpio horizonte que nunca es una meta, porque gira en mi torno como anillo, como giran las ruedas y los platos y la cadena gira y se desdice y vuelve en cada vuelta a comenzar.

Bien sé que es una suerte seguir en esta noria y, sin embargo, he apretado los frenos y un huerto de naranjos se ha hecho inmóvil de pronto ante mis ojos: los surcos de la tierra, las aguas estancadas, sus reflejos, los rastrojos quemados, el tenue chapoteo de las ranas que evitan la presencia de un extraño…

Y aunque algunos azahares impacientes aprovechan un golpe de calor para abrirse a destiempo y exhalar su perfume, todavía muy verdes en las ramas, confundidas aún entre las hojas, maduran lentamente las naranjas; los giros de los días teñirán sus cortezas del color del sol cuando atardece, y el giro de una mano habrá de asirlas, redondas, luminosas, como el tiempo preñado de la espera.

Hay maneras y maneras de elevarse. Por una parte están aquellos para los que ganar altura significa ganar visión, conocimiento, potencia acumulada, poder: torres de control, desafiantes escaladas, babélica confrontación de rascacielos en zonas sísmicas y otras ingenierías de la soberbia humana, el Burj Khalifa. En el extremo opuesto se encuentran quienes se despojan de los pesos materiales para aligerarse y emprender una ascensión ascética en busca de los reinos del espíritu.

De todos los árboles que se afinan para ir ganando palmo a palmo el cielo, quizás sea el ciprés el más emblemático y popular, el que mejor encarna la voluntad de adelgazarse en el ascenso. Su relación con la muerte redunda en ello, pues solo una vez muerto el cuerpo puede el alma desprenderse de su peso material para elevarse, como el humo purificador de tantos rituales funerarios.

Entre los cipreses más elocuentes jamás pintados se encuentran los que situó Arnold Böcklin en el centro de sus cinco versiones de *La isla de los muertos* pintadas entre 1880 y 1886. Según el fantasmal barquero nos acerca a la isla del último sueño apreciamos al fondo un macizo de cipreses que nos cierra el paso y eleva un impenetrable muro verde en ángulo recto con la horizontal. Cuando allí lleguemos no habrá más remedio que modificar noventa grados nuestro rumbo y ascender, guiados por la robustez de los cipreses. A medida que ganemos altura iremos viendo que su corpulencia disminuye y ya en su parte superior, delicadas ramas despuntarán agitándose contra el cielo.

Delicadas son también las puntas de los cipreses que Böcklin situó en su *Villa al borde del mar* de 1864, y las de todos los ejemplares que pintó Van Gogh a lo largo de su vida. Algunos de los que retrató durante su estancia en el asilo de Saint-Paul-de-Mausole en Saint-Rémy, al sur de Francia, en 1889 —*Cipreses* (Metropitan Museum de Nueva York), *Cipreses con dos figuras femeninas* (Otterlo,

Rijksmuseum Kröller-Müller) o *La noche estrellada* (Museum of Modern Art de Nueva York)—, evitan por completo la rectitud y convierten la ascensión en un moroso arabesco de curvas recurrentes trabadas entre sí. Se diría que crecer hacia arriba (y aquí dejamos en suspensión la idea de la muerte real) no es algo que se pueda hacer por la vía rápida y expeditiva de lo recto, sino mediante el giro sinuoso, el viraje, el merodeo y la torsión. Y una vez arriba, en lo más alto, tampoco se percibe la violencia del chapitel de aguja o flecha que penetra con decisión la cúpula celeste. La punta del ciprés no es invasiva, se desgaja y tantea el cielo con sus dedos como para pedir permiso con la agitación de un leve cosquilleo.

¿Imita el ciprés al fuego porque sabe que hay que arder para elevarse? ¿Prefigura su forma la hoguera que será? Preguntas que se esfuman al llegar a lo alto.

«NADIE PUEDE CON LOS ÁRBOLES...»

...exclama R. con tono categórico. Nos hemos acercado a Madrid para asistir a la inauguración de la retrospectiva de Antonio López en el Thyssen, la tarde del 28 de junio de 2011. Estamos ante la pintura panorámica titulada *El Campo del Moro* (1990-94) y al contemplar la enorme masa arbórea que cubre su mitad inferior comprobamos que se encuentra apenas esbozada con manchas generales, muy lejos de la resolución descriptiva que en buena lógica realista debiera corresponderse con los primeros planos de una perspectiva aérea. «Nadie —ni siquiera Antonio López— puede con los árboles». Manchas verdes muy bien puestas, armonías cromáticas, sugerencia de volumen, pero escaso, muy escaso nivel de descripción.

En algunas otras ocasiones, el pintor de Tomelloso ha logrado retratar árboles pequeños con precisión, pero su árbol más conocido, el *Membrillero* de 1992, al que Víctor Erice le dedicó una de sus obras maestras (*El sol del membrillo*, 1992) también está inconcluso, apenas abocetado. Tras varias infructuosas sesiones, el pintor decide renunciar a su propósito. No *puede* con el árbol. El motivo es el mal tiempo, la luz inestable y huidiza que no se deja apresar por los pinceles. Pero, más allá de esa justificación, lo que queda en la memoria de quienes presenciamos la escena es la imagen de un gran pintor derrotado por un arbolito. Y en esa imagen, plena de humildad y aceptación, hallamos más belleza que en la mejor de las pinturas que de cualquier árbol pudiera llegar a pintarse.

De hecho, lo que mueve al pintor hacia ese árbol, lo que de raíz despierta su amor por él y su deseo de pintarlo, tal y como se revela en la última parte del film, es el recuerdo difuso de los frutos dorados de unos membrilleros que había en una plaza junto a la casa donde nació, la impresión que produjeron en el niño cuando el niño estaba todavía muy lejos de ser el pintor que llegaría a ser, cuando ni siquiera sabía lo que era un árbol, lo que era un fruto, lo que era un niño.

¿No es lo sagrado aquello en lo que permanece vivo el misterio?

SINTAXIS ARBÓREA

Hubo una época estudiantil en la que la moda del método arbóreo de análisis sintáctico estaba en pleno auge. Tras las clases de Lengua, las pizarras de las aulas y las libretas de los estudiantes quedaban repletas de arbolitos con palabras, ramificaciones invertidas y raíces algo desmembradas. Y nos parecía lo más natural del mundo que una estructura vagamente arbórea relacionara a las palabras entre sí e impulsara su crecimiento y expansión. A fin de cuentas, los lexemas eran raíces y como tales habrían de desarrollarse. No se nos ocurría pensar que el lápiz con el que escribíamos y dibujábamos había sido un árbol antes ni, tampoco, que la hoja de papel sobre la que garabateábamos también lo había sido, lo mismo que el pupitre en el que tantas horas pasábamos amarrados cual galeotes al duro banco y los marcos de las ventanas por las que nuestro tedio quería evadirse volando. Era demasiado pronto para pensar en etimologías y en la caprichosa savia de sus ramificaciones. Estábamos muy lejos de imaginar que, con el tiempo, la suerte pondría en nuestras manos *En el viñedo del texto* de Iván Illich (1993), con sus ricas analogías entre la página (tan amenazada por la pantalla), el viñedo y el jardín o, solo un año más tarde, *Seis paseos por los bosques narrativos* de Umberto Eco (1994), para que pudiésemos elegir itinerarios entre senderos que se bifurcan y vías para transitar el texto, el bosque inmenso del que ya no se puede salir cuando se entra, y por eso es una buena alternativa —acaso la mejor—, detenerse en el arte de la dilación. ¿Quién iba a decirnos que los árboles filogenéticos y los árboles genealógicos vendrían a explicar nuestra presencia en la intemperie y la hondura de nuestras propias raíces, tanto como el desarrollo de las lenguas que habitamos?

El árbol del lenguaje es nuestra casa. Las metáforas y los símbolos arborescentes constituyen una parte importante del hábitat donde nuestro pensamiento vive. También ahí conviene distinguir los lugares que necesitan riego o abono de aquellos que requieren poda o tala. Y si la expresión *ecología del lenguaje* nos resulta en sí misma redundante y algo vaga, siempre podemos aplicarnos a la jardinería del lenguaje. Cada rama es el complemento circunstancial de cada hoja. La suma de todas las hojas una larga enumeración acumulativa. Cada fruto un sustantivo. Cada flor una oración.

¿Y el árbol respiratorio? Nuestra conciencia respira la realidad con el pulmón de la sintaxis. Hacer frases es asirse a la realidad tanto como respirar es asirse a la vida.

*

La belleza de los árboles también consiste en irse por las ramas. Elevarse unos metros subiendo por el tronco, vencer el vértigo, ganar visión, ir pulsando una a una las varas cimbreantes de la sintaxis, aventurarse en las subordinadas y alejarse sin miedo a perder de vista la tutela del tronco —que es el verbo—, pues lo propio del andarse por las ramas es dejar en el aire el camino de regreso y olvidar la raíz, y la tierra, y el peso y la gravosa llamada del origen, para poder olvidar también la no menos gravosa llamada del destino y seguir por el aire, con el aire, en la impune levedad de los itinerarios intransitivos.

La aventura más viva se basta a sí misma y no se vende a la recompensa de un destino determinado. Sigue el impulso de una vaga promesa de infinitud, un latido que viene de atrás y desde atrás impulsa cada paso ignorando su determinación desde el futuro y su finalidad, su término y su muerte. La aventura más viva es andanza y ensayo, merodeo, digresión, desvío. La aventura más viva es no saber a dónde vas y seguir yendo.

Y aunque el envés de la hoja que mira a poniente ignora el haz de la hoja que apunta hacia el norte, hay un camino secreto de savia que las une a ambas y que tal vez ambas presienten, a su manera cada una.

La sintaxis es un edificio arbóreo que solo se muestra en parte. Cuando la ilusión del regreso se disipa queda solo el deseo de seguir bailando por las ramas como gibones, y no digamos cuando el árbol florece, e irse por la ramas es también deambular de flor en flor. Quién pudiera seguir indefinidamente así, liba que te liba, *ad libitum*, sin llegar nunca al punto final donde expira la frase.

*

El papel viene del árbol y la palabra «folio» viene de «hoja» (*folium*). Cuando pienso en esto imagino un gran árbol que tiene folios en lugar de hojas. Es el árbol de la vida del lenguaje, tan parecida a la vida. ¿Qué orden habremos de seguir para leerlos? Ninguno parece prescrito de antemano y por lo tanto, es nuestro el privilegio de trazar itinerarios. Un árbol es una estructura acumulativa. Y en toda acumulación hay un sentido que espera su momento.

*

El corazón del bosque ofrece metáforas que ayudan a pensar el bosque del propio corazón.

LAURISILVA

La Gomera, uno de los primeros días de febrero de 2010. Camino del Parque Nacional de Garajonay la niebla alisia nos envuelve y avanzamos con dificultad por la carretera, como por el río Congo hacia *El corazón de las tinieblas*. Un generoso mar de nubes trae la humedad que mantiene con vida a la laurisilva, un bosque fósil semejante a los que en el Terciario cubrían el viejo continente. Nos acompaña un guía para orientarnos en una marcha que también representa un pequeño viaje a un pasado boscoso, legendario, fantástico. Nuestras expectativas están muy altas y entramos con buen pie en el parque.

La niebla cubre en parte, y en parte deja ver. Ver algo, pero no del todo, es el mayor acicate de la curiosidad, una de las formas más amables en que se manifiesta el deseo de lo que falta. Cuando se adensa mucho accedo a un estado de laxitud cercano a la invidencia mientras mis ojos, medio ciegos, deambulan por el esponjoso lienzo de luz atenuada en suspensión. Nunca antes había estado así, flotando en el interior de una nube. Quiero ver más, pero a la vez agradezco ver menos, la tregua que me brinda este espejo de niebla en el que me oculto, a salvo del bisturí que esgrime el afán de conocer con nitidez.

Sin embargo, nos hemos desplazado hasta aquí para ver en directo lo que ya hemos mirado antes a través de fotografías, y de hecho vamos armados con instrumentos fotográficos de alta resolución para capturar imágenes arbóreas en cuanto se disipe la niebla. Paso a paso nos internamos en el bosque caminando detrás de nuestro guía hasta que de pronto, sin previo aviso, desaparece. ¿Se lo ha tragado la niebla? A la falta de visión se suma ahora la incertidumbre. No sabemos dónde estamos. No hay senderos ni caminos, nuestros teléfonos móviles no tienen cobertura, hace frío, comienza a llover y nos estamos calando. Abandonados por nuestro lazarillo, el tiempo pasa muy despacio, no entendemos nada ni sabemos cuál va a ser el desenlace de la extraña situación. A nadie se le ocurre sacar ninguna foto.

Como es natural, estamos razonablemente preocupados, pero, a la vez, contra todo pronóstico, estamos también tranquilos, sin ninguna ansiedad, al amparo de una selva que pese a su extrañeza nos acoge con perturbadora familiaridad. Al suspenderse nuestros propósitos y el sentido del avance que les obedecía, circulamos, giramos, ascendemos, descendemos… El tiempo se remansa y retrotrae en una errancia vaga y laberíntica. No vamos a ningún lugar ni hacemos nada, nos limitamos a estar. Atentos, expectantes. Y de ese modo, sin proponérnoslo, conseguimos pasar un par de horas en Garajonay sin encender una sola pantalla, sin espesar esa otra niebla de imágenes que se interpone, que interponemos entre el mundo y el ojo.

Poco después aparece nuestro guía, incapaz de darnos una explicación convincente. Nunca llegamos a saber si se trata de una broma más larga y pesada de la cuenta, una muestra de humor canario o cualquier otra excentricidad que somos incapaces de imaginar. La lluvia escampa, la niebla se disipa y el mundo se desvela y reaparece bajo una luz mojada ante nuestros ojos. Frondosos laureles, brezos gigantescos, helechos, musgos y lianas trepadoras. Verdes vivísimos, casi fosforescentes. Es como si pudiéramos ver, desde el interior de su cerebro, los pensamientos del bosque fósil, sus gigantescas tramas y enlaces neuronales. La casa de nuestros antepasados.

Entre salpicaduras de sol, los verdes y los rojos dialogan con las inacabables voces de sus tonos contrastados. Junto al helecho, la húmeda sección roja en el tronco talado del brezo; al lado de la liana verde, las cárdenas desgarraduras, la herida a flor de piel del mástil del acebiño; junto al húmedo verdín del musgo, las hojas tostadas del laurel, las cobrizas virutas de su corteza. Ah, la savia roja del drago, rojo sangre que niega su linaje de savia verde.

Han pasado más de diez años. Suficientes para que todo aquello se reorganice en la memoria a su manera y casi siempre de espaldas a la propia voluntad. Ignoro dónde están las fotografías que finalmente pude sacar, perdidas entre multitudes de imágenes que nunca miro. He olvidado los nombres de algunos compañeros de aquella expedición y casi todos los pormenores laborales que me llevaron allí. Lo que recuerdo, más que lo que fotografié o lo que vi, es, sobre todo, la gracia de aquel bosque para ocultarse y, después, mostrarse, la forma en que el no ver favoreció más tarde al ver, con un mismo compás complementario; aquellos momentos en que la niebla y la incertidumbre se confabularon para intensificar un presente varado en su indefinición, suspendido en un estar pleno que no se desvivía en deseos de irse. Y aunque aquello era un bosque, nunca antes había estado así, flotando en el interior de una nube verde y blanca que se llamaba aquí y se llamaba ahora. Aquí verde y ahora, blanco. Algo así como el laurel que encuentra el Sigüenza de Gabriel Miró en «El lugar hallado» de *Años y leguas*, «laurel del todo vegetal, sin predestinaciones a temas mitológicos y alegóricos».

Ante pinturas como *El bosque de Pontaubert* de Seurat (1879-82) o *Parque* de Gustav Klimt (1909), uno siente que la copa de los árboles se disgrega en partículas tan pequeñas que hasta se podrían respirar. A su manera, Stevenson lo explicó así: «No es tanto por su belleza por lo que el bosque reclama el corazón de los hombres, como por ese algo sutil, esa cualidad del aire que emana de los viejos árboles, que tan maravillosamente cambia y renueva un espíritu cansado».

Ahora se sabe —se comienza a saber—, que las viejas intuiciones y conocimientos empíricos acerca de los beneficios emocionales y espirituales de la inmersión en los bosques tienen una base física y neurológica. De unos años a esta parte son numerosos los estudios y la literatura científica que tratan de precisar dichos beneficios para desarrollar terapias de naturaleza, ecoterapias, silvoterapias, el célebre *Shinrin Yoku* japonés —que significa «baño de bosque»— y todo un repertorio de saberes y prácticas destinadas al desarrollo de lo que podríamos denominar genéricamente medicina forestal.

Hablan, entre otras cosas (perdón por la retahíla de términos científicos), de la disminución de la actividad del córtex prefrontal, de la regulación de la presión arterial, de la disminución del cortisol y de la adrenalina, de la activación del sistema nervioso parasimpático, del aumento de las células NK (*Natural Killers*) y del fortalecimiento del sistema inmune por medio de la inhalación de unos compuestos orgánicos volátiles (aleloquímicos y antimicrobianos) emitidos por los árboles para defenderse de hongos, bacterias e insectos, que el bioquímico ruso Boris Petrovich Tokin denominó fitoncidas hace más de un siglo.

Los fitoncidas contienen terpenos que emiten olores específicos, por ejemplo el Alfa pineno, que nos da el olor a pino. Poseen propiedades antibacterianas, antifúngicas, antiinflamatorias, antimicrobianas y antivirales.

Sin tener ni idea de todo este prospecto médico nuestro cuerpo se siente bien cuando huele a pino, cuando se interna en un bosque y camina entre los árboles. Sin tener ni idea nuestros antepasados ya lo sabían. Y sin tener ni idea, multitudes de poemas y pinturas —esa forma de medicina alternativa— nos movieron durante siglos en esa misma dirección.

Una pregunta queda en el aire: ¿Perderán los paseos por los bosques sus poderes mágicos cuando la medicina institucional los haga suyos?

Elocuente título de la exposición de José Manuel Ballester en el Real Jardín Botánico de Madrid durante el verano de 2023. Mediante complejos procedimientos de manipulación fotográfica, el artista recrea pinturas de Giotto, Botticelli, Brueghel o Goya, y suprime en ellas las presencias humanas o animales, dejando los árboles como únicas figuras protagonistas. Una sencilla elipsis y todo se vuelve del revés por obra y gracia de una extraña justicia poética fotográfica. Quienes fueran discretos y anónimos acompañantes subordinados siempre a la presencia humana se convierten ahora en protagonistas de la escena. A fin de cuentas, ellos estaban aquí mucho antes de nuestra reciente y ruidosa aparición, eran los dueños de la tierra y seguirán

aquí cuando nos hayamos extinguido y un gran silencio vegetal se imponga de nuevo.

Otras fotografías de la muestra están tomadas directamente del natural y también omiten la presencia humana. *Subida al monte Tai* (2011) conmueve por su frontalidad y envuelve con su atmósfera neblinosa. Algo ingrávido hay en ella que nos invita a elevarnos. Taishan es una de las cinco montañas sagradas del taoísmo en China y su ascenso ritual consta de más de seis mil escalones de piedra. Ascendemos por la niebla, peldaño a peldaño, ganando levedad. De pronto, un árbol. Es firme y es grácil. Ha roto la piedra que pisamos.

Nadie se atreverá a talarlo aunque haya crecido en un lugar inapropiado. De hecho, ese lugar que no es el suyo lo vuelve más visible. Igual que una advertencia, su poder simbólico nos sale al paso, sin cortárnoslo. Es una «y», una vertical que se bifurca, una elección. Una «y» que une tierra y cielo, abajo y arriba, inferior y superior. Una «y» que repite, junta y suma. Y mientras seguimos ascendiendo escalón a escalón, rumiamos lo que el árbol nos ha dicho.

Y nos ha dicho también que esa vigesimosexta letra del abecedario español nos pone un árbol en medio del camino que transitamos los humanos, y que ese camino y ese tránsito debe respetarlo, como respetó el pintor Max Liebermann al abedul que se encontró en medio de una calle del jardín de su villa en el lago Wannsee, y en lugar de talarlo lo pintó en varias ocasiones dejando constancia de ello; o como respetan muchas construcciones arquitectónicas a los árboles que estaban allí antes de que ellas llegaran. Por ejemplo, y sin ir más lejos, el atrio circular que da acceso al Jardín Botánico de la Universidad de Valencia, cuya construcción se adaptó al almez casi centenario que allí había con anterioridad y que supone toda una declaración de intenciones en la misma entrada del jardín.

OLIVO

Lo he contado ya en otra ocasión, y además no hace mucho, pero no me resisto a recordarlo ahora de otra forma. Si alguna vez me encuentro algún olivo milenario me da por pensar en el Imperio Romano, y cuando imagino todo lo que pudo presenciar en aquellos tiempos remotos un árbol que ahora mismo se alza silencioso frente a mí siento un vértigo raro, una especie de mareo que me trae la memoria de otro olivo, no tan anciano, desde luego, pero sí lo suficiente como para estar ahí ya, en su sitio, junto a la casa familiar de la montaña, cuando yo tenía unos ocho o diez años a lo sumo. La enorme cantidad de tiempo transcurrido desde entonces entreteje el recuerdo con los juegos del lenguaje y las brumas de la imaginación, pero lo cierto es que, ataviado con un disfraz de romano de plástico —así lo atestiguan algunas fotografías amarillentas—me subí hasta la copa de aquel esbelto olivo con gran esfuerzo y orgullo, muy motivado por el papel de centurión que había asumido con ese poderoso convencimiento que ponen los niños en sus juegos. El disfraz constaba de muchas piezas y algunas de ellas no se ajustaban demasiado bien al cuerpo, de modo que, entre los renuevos, las ramas del olivo —esas antipáticas varas semejantes a las cuernas de los ciervos—, la coraza, las sandalias, las grebas, los correajes y los brazaletes, se formó un lío tremendo, quedé inmovilizado en lo alto de la fronda y comencé a llorar. Creo que fue mi padre quien acudió en mi auxilio y me rescató, pero no recuerdo que se hiciera explícita la lección que aquel olivo me había dado, sencilla como una pequeña cura de humildad: los disfraces —tanto más cuanto más complicados— dificultan los movimientos, comprometen la soltura y son, su propio nombre ya lo indica, impedimenta.

El caso es que hay algo en la presencia de los árboles que nos invita a subir. Bien sea para poder divisar la llegada del Mesías, como el Zaqueo de Lucas (19,4) que se subió a un sicomoro; para llevar una vida arbórea alternativa, como el barón rampante de Italo Calvino; o simplemente para expresar su frustración, como aquel personaje loco de Fellini que en la película *Amarcord* se subía a un gran olmo y gritaba igual que un poseso: «¡¡Voglio una donna!!».

La crisis ecológica y la deforestación nos han dejado bellísimas imágenes de hombres y mujeres subidos a árboles y a veces encadenados a ellos para evitar su tala. Imágenes simbólicas de un sentimiento colectivo que algunos desearíamos aún mayor, porque subirse a un árbol, en esos casos, es abrazarlo y dejarse acoger por su abrazo, admitir que nos sustenta y nos eleva, proteger a quien nos protege.

Con el lenguaje universal de sus formas, los árboles nos abren sus brazos, nos invitan a elevarnos, y en esa invitación hay otra implícita: mejor dejar abajo el lastre de corazas, abalorios y atrezos, para poder abrazar al árbol con la desnudez del propio árbol. No existe mejor modo de alzarse sobre sí sin impostura. Desde la copa se ven pequeños y borrosos los disfraces dejados caer sobre la tierra. Cuanto en apariencia venía a amplificar nuestro ego, no era más que un desecho prescindible: hojas secas.

ÁRBOLES DE NAVIDAD

De origen celta, según parece, fue San Bonifacio de Maguncia quien los introdujo en el cristianismo. Todo tenía su sentido. La copa triangular de pinos y abetos encajaba bien con los tres vértices de la divinidad (Padre, Hijo y Espíritu Santo) y en sus ramas debían colgar, en maniquea confrontación, velas encendidas (la luz de Cristo) y manzanas (la tentación, el pecado original). La cosa, como bien sabemos, se ha ido complicando, y de las sufridas ramas de los modernos árboles de Navidad, cuelgan, en perversa mezcolanza y ya sin sentido ni confrontación moral alguna, todo tipo de objetos imaginables. Campanas, estrellitas, lazos, espumillones, guirnaldas, lucecitas fijas o parpadeantes, piñas nevadas o doradas, chocolatinas, angelitos, ositos, tórtolas, renos, mulas, bueyes, Papás Noel,

Santa Claus, Reyes Magos, pastorcillos, mazapanes, langostinos, bolas de colores tan brillantes como huecas, no sé, bastoncillos de caramelo o chorizos de Cantimpalos, pieles de mandarina, bombones dorados chisporroteantes, cualquier objeto que a cualquiera se le ocurra colgar y sume su inanidad a un exceso que simboliza con eficacia la locura consumista y la proliferación de inutilidades que se dan en las fechas navideñas como forma laica de celebración apoteósica de eso que algunos han llamado tardo o, mejor incluso, siguiendo a Edward Luttwak, turbocapitalismo. De ahí que no deba extrañarnos que a algunas gentes les dé por convertir al pobre árbol de Navidad en objeto de rivalidad cuantitativa, es decir, en símbolo de poder y soberbia, y con gran despilfarro luminotécnico se empeñen en competir para ver quien lo tiene más largo. Según un titular reciente de un diario deportivo nacional, «Vigo y Badalona caen ante Torreón de Cartes, en Cantabria, donde se levantará el árbol de Navidad más grande de España, con 65 metros de altura».

MEMORIA DE ALGÚN ÁRBOL

El 16 de diciembre de 2023 celebro una comida en El Palmar con tres de mis más viejos amigos. He pasado la mañana intentando dar forma a estas páginas y me presento a la cita con la cabeza llena de árboles. Como es natural, ellos hablan de otras cosas: política internacional, el antisemitismo de Quevedo, dietas blandas. El exceso de confianza me permite aprovechar un breve silencio para dar un giro al rumbo de la conversación. Les comento que estoy escribiendo un texto sobre árboles y que me gustaría saber si hay en sus vidas algún árbol importante, alguno que les haya dejado una huella indeleble en la memoria. Dos de ellos se quedan descolocados y farfullan algunas vaguedades. El tercero esboza una historia sin llegar a desarrollarla del todo. Días después, me envía un correo. Dice así:

Quizás, lo más conmovedor de tu pregunta la otra tarde sobre los árboles y nuestras vidas fuera comprobar la dificultad de rescatar todo recuerdo significativo. Me consoló pensar que la memoria es volátil, y que tiende a esfumarse cuando se la fuerza. No parece que me pasara solo a mí; algo parecido parecía ocurrirle a mis contertulios.

Me vinieron a la mente los cipreses por pura memoria escenográfica, paisajística. Hace muchos, muchos años, planté unos cipreses en hilera en el pequeño prado que hay detrás de la casa de Cofrentes, más allá de los estrictos lindes de nuestra propiedad. No se sabe a ciencia cierta si por los rigores propios de la naturaleza o por los recelos de los vecinos (sumamente beligerantes con cualquier indicio de apeo y demarcación) el caso es que fueron muriendo uno a uno.

Hace tanto de todo eso que yo todavía tenía la capacidad para aprenderme algunos textos de memoria, afición que heredé de mi madre. Así que una noche del 98, supongo que otoñal, poco antes, o después, del bautizo católico de mi hijo (pactado con mi mujer para no escandalizar a sus padres, a cambio de que nuestros hijos no tomaran la comunión si no lo pedían), lo cogí de la cuna mientras la familia conversaba despreocupadamente en la cocina, lo llevé al prado y junto al único ciprés que quedaba, y que aún vive, y alzándolo con mis brazos a la luz de la luna que brillaba al Este, recité los siguientes versos del sacrificado Héctor, domador de caballos:

«Zeus y demás dioses. Concededme que este mi hijo sea como su padre honesto entre los hombres, y muy esforzado. Que reine con poderío sobre su tierra. Que digan de él cuando vuelva del combate: ¡Es mucho más valiente que su padre! Y que de regreso de la batalla, cargado con los cruentos despojos de los enemigos muertos, regocije de su madre el alma».

Regresé a la casita reconfortado, y solo revelé esta ridícula historia a mi hijo y a su madre mucho tiempo después.

La mayoría de los bosques y Espacios Naturales Protegidos cuentan con un Centro de Interpretación de la Naturaleza para facilitar su comprensión por medio de diagramas, guías, murales, pantallas, dioramas y otras herramientas destinadas a promover un tipo de interpretación vinculada a los saberes históricos, culturales y, sobre todo, científicos. Dichos Centros de Interpretación de la Naturaleza suponen una valiosa ayuda para aprender a comprenderla y respetarla. Merecen, por tanto, todo nuestro respeto.

Sin embargo, la lectura del mundo, donde se encuentran incluidos los Espacios Naturales Protegidos y los bosques, no siempre se acoge a tales directrices. Caminar entre los árboles que nos van saliendo al paso es un ejercicio que invita, como pocos otros, a la libre interpretación creativa de cada lector, es decir, al juego de emparentar significados con las formas, siquiera sea de un modo inestable, provisional y en ocasiones intransferible, como corresponde a un texto que no puede descifrarse.

Las formas son semillas que alumbran metáforas visuales en la conciencia de los humanos —animales enfermos de interpretación y prosopopeya— y dejándonos llevar por la plasticidad de las grafías vegetales inscritas en el bosque terminamos viendo cipreses ascéticos, abrazos fraternales entre ramas, aviesos espinos o lacrimosos sauces, sin descartar la aparición de hadas, ninfas, náyades, duendes, faunos y otras criaturas fantásticas que habitan la floresta y gustan de emboscarse.

Ahora bien, además de todo lo que leemos en las formas particulares y su tendencia a sustantivarse, percibimos también el movimiento incesante de sus verbos, su continua transformación. Cae una hoja, se troncha una rama, muere un árbol, aparece un brote, una flor, un fruto, proliferan hongos, líquenes, insectos... El texto boscoso que estamos leyendo no se detiene, sigue escribiéndose en gerundio y entre trazos apenas bosquejados, interrogantes y exclamaciones, no dejan de crecer también preposiciones, conjunciones, adverbios, todavía, quizás… en tanto la palabra «mientras» adquiere nuevos relieves, constantes ramificaciones. Estamos leyendo un texto que se sigue escribiendo mientras lo leemos, y acaso sea esa nuestra mejor lectura, la que nos enseña a acompasarnos con él, con el ritmo de su vida en movimiento.

Y como todo buen lector termina tarde o temprano escribiendo algo, así nosotros, al leer el bosque en marcha nos sumamos a su marcha, continuamos su texto con nuestra escritura y nuestro hacer, *physis, poiesis, techné*…, porque el arte, hoy como ayer y digan lo que digan, sigue imitando a la naturaleza.

*

Muchas son las manifestaciones artísticas (textos, pinturas, fotografías, películas) que al llamar la atención sobre la belleza de los árboles, incitan —aunque sea de un modo indirecto o diferido— a plantar árboles. ¿Es esto suficiente? No sé. Tal vez, plantar árboles, tal y como están las cosas, debiera ser considerado también, con pleno derecho, una de esas manifestaciones artísticas.

Cobertura teórica no ha de faltar. Podría enmarcarse en el *Arte de acción*, el *land art*, la *performance* o el *environment*. Por su esencialidad irreductible podría considerarse también minimalista y por su dimensión política *ecoarte* o *activismo ecologista*. Sería, a fin de cuentas, una forma de *plenairismo radical*, literalmente enraizado en las entrañas del paisaje.

Contaría, además, con la ventaja de facilitar la desaparición de la autoría y de la firma, esa noble aspiración de muchos artistas que en muy pocas ocasiones se ha visto cumplida con éxito. Y en lugar de perseguir la perdurabilidad del propio nombre supondría la manera más generosa y anónima de actuar a favor del porvenir común, tal y como deseaba el anciano Voltaire, quien escribió a sus amigos que solo se dedicaba a plantar árboles, y aunque era demasiado viejo para disfrutar de su sombra o de sus frutos, no veía una manera mejor de ocuparse del porvenir.

Un árbol junto a la entrada de la casa. Una casa de madera de árbol. Una cabaña construida en lo alto de un árbol. Casas y árboles se acompañan, se juntan, se involucran… A veces hasta se confunden. ¿Qué niño no ha deseado trepar por el tronco de un árbol y alcanzar su fronda para asentarse allí siquiera unos instantes? ¿Qué niño no ha deseado tener una casa, o al menos un escondite en lo alto de un árbol?

En el verano de 1999, José, mi hijo mayor, tenía diez años, acababa de leer *La isla del tesoro* y me pidió que le construyera una cabaña en un árbol. Fue *La isla del tesoro,* pero bien podría haber sido *Tarzán, El libro de la selva, Robin Hood* o tantas otras narraciones que insisten en el deseo de vivir en los árboles. Deseo de retorno a nuestra propia infancia y deseo de retorno a esa otra infancia pre-humana en la que —tal vez— todavía éramos primates viviendo en árboles a salvo de los grandes depredadores.

Durante aquel verano dedicamos más de veinte mañanas a la construcción de una cabaña en lo alto de un gran pino que tenemos en la casa de Náquera, y nos propusimos hacerlo con medios austeros, sin electricidad ni ayuda mecánica. Nunca habíamos emprendido una tarea semejante y al placer de trabajar con las manos —que no excluía agujetas, ampollas y heridas— se sumaba el desafío de calcular estructuras resistentes que no dañaran al árbol. Aprendíamos a hacer lo que estábamos haciendo a medida que lo hacíamos y los tratos con el pino, con los tablones, las sierras, los cañizos…, unidos a esas sensaciones rudimentarias y un poco primitivas que despertaban el esfuerzo y el sudor, me invitaron a preguntarme qué podría significar todo aquello, si es que significaba algo mayor que un mero entretenimiento.

Más que al instinto de supervivencia y protección, la construcción de la cabaña respondía al deseo de jugar a crear un espacio que nos permitiera separarnos del mundo habitual, el paréntesis de un escondite en el que pudiéramos aislarnos y desconectar de la vida corriente para imaginar tal vez un nuevo inicio, una reconexión con la naturaleza y una manera de habitar el mundo más primaria, menos mediatizada por la técnica y menos perturbada por sus ruidos. Esa reconexión era posible gracias a la alianza con el árbol, que actuaba como mediador y toma de tierra.

Había allí también un viaje en el tiempo, o la construcción de un espacio por el que se podía acceder a *otro tiempo*, también a través del árbol. Él había estado siempre ahí, detenido, y ahora nos brindaba la posibilidad de regresar a esa edad arcádica e inaugural (aunque esa edad arcádica e inaugural estuviera, más que en ningún otro lugar, en nuestra propia cabeza).

No importaba mucho lo que fuésemos a hacer en la cabaña —conversar, leer, dormir una breve siesta, desentendernos— ni tampoco que la frecuentáramos de un modo intermitente, marginal o contrapuntístico. Era entrar por la trampilla del suelo, escuchar los sonidos de madera, aspirar el perfume de la resina y abandonarnos de inmediato a la calidez de su hospitalidad, como quien se repatria en los brazos de una madre que solo puede asirte a condición de que vuelvas a ser pequeño.

Y a veces, cuando nos poníamos filosóficos, yo recordaba a algunos pensadores —Heráclito, Lao-Tsé, Thoreau, Heidegger— que desearon atisbar las voces más cercanas al origen, las que de forma más directa les hablaban del latido de la vida, y se valieron de cabañas y de árboles para llevar el pensamiento a la raíz.

Una semilla se abre. Da un vástago el embrión y el tallo se abre paso, balbucea, rompe la tierra y asoma al exterior. Lentamente crecen las primeras hojas, se desenroscan y se abren a la luz. Viene luego el despliegue de las ramas y la apertura de la copa. Y cada flor que nace al abrirse un capullo. Y cada fruto que nace para ser abierto. Por debajo de la tierra las raíces se abren como los dedos de una mano en busca de alimentos, de contacto, en busca de otras raíces. Y al crecer a lo alto y a lo ancho, la corteza del tronco se entreabre, se agrieta, corrige su curvatura. Las ramas se multiplican y también como los dedos de una mano, de muchas manos, se abren hacia arriba, con las palmas abiertas hacia el sol, hacia la noche, la intemperie, el firmamento. Hasta el techo que nos da el árbol está abierto, es permeable sin dejar por ello de ser techo.

La vida de un árbol enlaza sucesivos movimientos de apertura y ofrece un cuerpo abierto por arriba, por abajo, por los lados, un cuerpo que se extiende y se despliega. Los árboles no son solo los seres vivos más grandes y longevos de la tierra, son también los que tienen mayor superficie. Enormes magnitudes de piel expuesta al exterior, presta al contacto con lo otro, atenta a la recepción, abierta al afuera casi como una pregunta.

Tan abierto está que yo casi me atrevería a decir que el árbol contempla. Su apertura es una forma de atención que se confía al tiempo de la espera, pues aquello que se abre inaugura un camino por el que entrar y salir, un espacio y una posibilidad de encuentro e intercambio.

Para quienes estamos hechos de preguntas, esos tres movimientos —apertura, atención y espera—, suponen ya una buena pista para situarse en el mundo de forma consciente. Es decir, con las manos abiertas.

Un árbol es también una mano alzada abierta al aire y a la luz, una mano que aúna el temblor y la firmeza, una mano maestra que ausculta al mundo, una mano abierta que pregunta.

(María Zambrano, sin embargo, nos dirá que solo se accede al *claro del bosque* donde el ser se revela a condición de no buscarlo y no preguntar por él.)

NECESITAMOS MÁS LLUVIAS

Náquera, 25 de agosto de 2021. Por la noche cayó un buen chaparrón. Lluvia de la buena y no pinocha, que es lo que suele llover por estos pagos cuando sopla el viento y los pinos que rodean la casa sueltan sus hojas secas. Miles de acículas cubren entonces el suelo con su mullido tapiz de color siena y no hay escobas suficientes en el mundo, ni horas, ni brazos, ni piernas suficientes para hacer limpieza. Que haya pinocha por los suelos es lo propio de una casa rodeada de pinos, le he comentado muchas veces a mi madre, pero ella no lo acepta, parece que no quiere hacerse a la idea y no deja de barrer. Cargando las tintas en busca de distancia cómica, he llegado a exaltar la belleza de la pinocha y el acolchado lecho que se ahorma a nuestros pasos, así como la sabiduría que hay en saber aceptar cuanto caiga del cielo. Es inútil. Ella prefiere barrer, cual Sísifo doméstico que acepta su maldición sin rechistar. Barrer y barrer y volver a barrer. Algunas veces he creído vislumbrar sus razones ocultas y advertir que para ella, el sentido de barrer no consiste en retirar la pinocha, sino en mantener su cuerpo activo, y hasta me la he imaginado rogando al cielo y a los pinos que no dejen de enviar toneladas de hojas secas, que son el maná de su vigor senil.

Pero lo que cayó por la noche, iba diciendo, fue un buen chaparrón de lluvia de la buena, y esta mañana estaba todo húmedo, jugoso, recién lavado, como presto a comenzar de nuevo después de una ducha renovadora o después de un bautismo, que quita los pecados y otorga nombre nuevo. Pensé, mientras llovía, en las benéficas sugestiones del sonido de la lluvia y en los poderes curativos de ese repiqueteo, capaz por sí mismo de limpiar la cabeza de malos pensamientos y palabras inconvenientes. Recordé las consideraciones del Archiduque Luis Salvador, cuando afirmaba que al caer sobre las ramas cubiertas de hojas verdes, la lluvia tiene su propia poesía, y recordé también que el emperador Claudio colocaba su lecho bajo una fronda de hojas para disfrutar de ese ligero murmullo.

Hace unos años, cuando visité la casa de Pablo Neruda en Isla Negra, el guía me mostró una estancia con una mesa robusta, no sé si de madera de araucaria o de alerce, que el poeta había dispuesto bajo un techo cubierto con una plancha de zinc para escribir poesía mientras escuchaba llover, buscando inspiración al dictado de la lluvia.

Que llueva poesía y que nos limpie la cabeza de hojas secas y palabras vanas es algo más que deseable. Un pequeño aguacero no ha de bastar. Tan sucia la tenemos que sería menester una tromba de agua, unas lluvias torrenciales o un buen diluvio universal para quitar la mugre y la inmundicia que acarreamos. Un diluvio de cuarenta días y cuarenta noches que se llevara tanto ruido infame y ahogara tantas perversiones léxicas, un diluvio oceánico que acabara de una vez por todas con la murga insidiosa del vano runrún de los hombres y recuperara el silencio, tal y como se planteaba —nos lo cuenta admirablemente Antonio Moreno en su libro *No lejos*, subrayando su extemporánea vigencia—, en el poema acadio de Atrahasis del siglo XVII a. C., anterior al diluvio de Gilgamesh y al diluvio del Génesis.

ÁRBOL EN CHARCO

Yo andaba caminando cabizbajo con el peso de los últimos traspiés a mis espaldas, caminando con los ojos bien ceñidos al rugoso tapiz de la calzada, no fuera a tropezar una vez más con los pedruscos y las zarzas que tantas otras veces, con terca obstinación, venían a cruzarse en el camino. Yo iba recorriendo los relieves de mi tierra con los ojos, piedras sueltas, insectos, hierba rala, pasos muertos... Y, de pronto, ¿qué veo?, un charco; y en el charco, un árbol del revés, inesperado, entero, mayestático, remansado en el líquido ante mí, sobre la piel acuosa y mojándome los ojos con su sustancia líquida, con su leve temblor a flor de agua, espejo de las aguas de mis ojos, presencia ensimismada en su figura; tanto, que vengo a preguntarme si no será este árbol más verdadero que su doble, ese que se refleja erguido sobre el aire entre las nubes. Y me voy sin tocarlo por no quebrar también la frágil certidumbre.

¿Será la visión del reflejo de un árbol invertido la inspiradora del árbol eterno de los Vedas? Imagen del universo en los Upanishad, este árbol alto y hondo, cuanto más hunde sus raíces en el cielo más eleva sus ramas sobre la superficie terrestre. Trae la vida de arriba abajo, la crea con un movimiento cíclico y descendente, pues todo ha de regresar a la tierra madre para volver a ser engendrado. Qué extraña es su promesa al tiempo en fuga de lo humano.

GINKGO BILOBA

Debió ser por el año 2000, tal vez un poco antes. Al término de una copiosa comida veraniega, mi amigo Josepe, médico y director del IVO de la ciudad de Valencia por aquel entonces, se me acercó y bajando la voz para investir a sus palabras con un halo de misterio, me dijo: «La mejor sustancia que podemos tomar los hombres a nuestra edad es Ginkgo Biloba». Y mientras giraba su dedo índice hacia su cabeza y hacia sus genitales, añadió: «Sus flavonoides favorecen la microcirculación sanguínea capilar». Quedé sugestionado por el poder facultativo de mi amigo y por la contundente eufonía del nombre de aquel árbol. Ginkgo Biloba me sonaba a poderoso guerrero africano, capaz de curar por ensalmo con solo pronunciar su nombre.

Quise saber algo más. Supe que procedía de una región montañosa al este de China y que se consideraba un árbol sagrado. Una de las especies vivas más antiguas de la tierra, un fósil viviente con doscientos millones de años a sus espaldas. Había sobrevivido desde la era de los dinosaurios y había sobrevivido, también, a las bombas atómicas de Hiroshima y Nagasaki. ¿Qué mejor ejemplo de fortaleza y resistencia, vitalidad y longevidad?

Decidí tomarlo como aliado. Comencé a consumir comprimidos, cápsulas y extractos líquidos de Ginkgo Biloba con regularidad, y no he dejado de hacerlo hasta el momento. Tras más de veinte años largos, no sé cuántas hojas de Ginkgo me he comido, no sé cuantos ejemplares han pasado por mi cuerpo, ni qué proporción de mi salud, de mi suerte y de mi vida le debo al Ginkgo Biloba. No hablo sólo de sus flavonoides. También de su poder simbólico.

De vez en cuando —siempre en otoño— me acerco a presentar mis respetos al ejemplar que hay cerca de la entrada del Jardín Botánico de Valencia, a mano izquierda. Mientras me aproximo muy despacio contemplo su imponente porte piramidal y cuando ya estoy a su lado apoyo la palma de mi mano sobre su tronco centenario, como quien coge a un viejo amigo por el hombro. Miro en contrapicado su fronda dorada, observo el avance progresivo del amarillo sobre el verde de las hojas y escucho el particular canto del cisne que hay en su esplendor cromático. Si alguna de ellas se desprende, como un frágil abanico de oro y luz, veo la gracia, la gracia y la dignidad con que cae de regreso a la tierra.

He sabido más tarde que el propio Goethe eligió una hoja de ginkgo —*una sola partida en dos o dos fundidas en una sola*— para simbolizar la relación de igual a igual que mantuvo con Marianne von Villemer, de quien se enamoró, según parece, y a quien se la envió pegada a una copia manuscrita de su poema titulado «Ginkgo Biloba», incluido en el *Libro de Zuleika* de *Diván de Oriente y Occidente* (1814-1819). Por aquel entonces había sobrepasado con creces los sesenta.

ÁRBOLES DE JOHN CONSTABLE

Tutelaron su infancia en East Bergholt, en la campiña de Suffolk, al este de Gran Bretaña, donde su padre poseía molinos de agua y viento. Esa arcadia infantil —y su memoria— habría de ser la savia que insuflara vigor y crecimiento a toda su pintura, siempre movida por el amor a la naturaleza. «Pintar no es para mí sino un sinónimo de sentir», había escrito, y por eso, la naturaleza que amó y pintó no era esa naturaleza hostil y amenazadora que exaltaba la pintura romántica coetánea, fascinada por lo sublime, sino, por el contrario, una naturaleza amable y maternal que mantiene buenas relaciones con el ser humano, cuando el ser humano la habita con respeto, gratitud y cooperación. Presas, esclusas, molinos, carretas, montañas, árboles, riachuelos…, todo forma parte de un con-

junto orquestado por el influjo sereno y apacible de lo pastoral.

John Constable pintó cientos, tal vez miles de árboles, y al hacerlo nunca antepuso el afán analítico a la expresión del sentimiento. En muchos lienzos, por ejemplo *El valle de Dedham* (1802), *La carreta de heno* (1821) o *La esclusa* (1824), robles, hayas y abedules parecen dialogar de tú a tú con las nubes, ocupando la parte superior de la composición. Son los mediadores entre el mundo terrestre en el que viven enraizados y los volubles reinos aéreos de las potencias superiores. Son, como las nubes, obedientes al viento; bailan al son del mismo aire que las mueve a ellas y para darles caza —o abocetarlos al menos—, los pinceles deben acompasarse también a ese baile y buscar el modo de sugerir, aun desde la inevitable fijeza de la pintura, un pequeño cosmos de armonía, agitación y movimiento. El vuelo de la materia que sueña ser aire.

En sus obras terminadas, pero sobre todo en sus bocetos —tan valorados retrospectivamente como precursores de la factura suelta impresionista—, los árboles se mueven, tiemblan, susurran, siguen vivos; siguen vivos y siguen tutelando esa arcadia infantil que pinta Constable una y otra vez para que nunca se vaya del todo.

Verano de 2023. Parece que va a ser duro, pero la flexibilidad de los horarios laborales nos ha permitido trasladarnos durante unos meses a la casa de la montaña. Mi hija Lucía tiene ya un año y medio y cada amanecer, con el día recién estrenado, me la llevo a dar un pequeño paseo botánico por los alrededores.

Vemos y tocamos las hojas y las flores que nos salen al encuentro, y también los troncos y las ramas de los árboles y arbustos. La niña juega a encajar sus deditos entre las hendiduras que hay en la corteza de los pinos grandes. Luego intenta coger un pétalo rojo de geranio con el índice y el pulgar. Hace lo mismo con las bolitas del cotoneaster, que se ponen de color naranja hacia mediados de agosto. Agitamos las hojas del ficus benjamina y contrastamos su sonido con las del palmito que suena mucho más seco, como una escoba. De las ramas del viejo algarrobo se desprenden algunas algarrobas solo con mirarlas. Acariciamos los verdes de los cipreses y los amarillos de los evónimos. Vemos la plata soleada en la copa del olivo. Tocamos y olemos las rosas del rosal. Tocamos, olemos y chupamos la flor del jazmín y las hojas del romero, la lavanda y la menta. Lucía se familiariza con las formas, los colores, las texturas, los olores y los sabores de muchas plantas. Es uno de mis propósitos, ahora que me dedico a la siembra. Que esté siempre cerca del mundo vegetal, bajo su influjo. Por eso permito que la niña chupe las hojas, porque esa es la manera de hacerlas suyas y de expresarles su amor. La palabra amor es la primera que se me ocurre para referirme a ese deseo de chupar. Mucho más que los dedos, la lengua y la saliva se adhieren al mundo, intiman con él mucho antes de aprender a pronunciarlo.

*

Muchos de los árboles que he visto a lo largo de mi vida son árboles sin nombre porque no he sabido darles ninguno. *Nomen nescio, no name,* ningún nombre. Sus restos yacen en la fosa común de lo innominado a salvo de la memoria que registra y archiva. Allí bogan entre oleajes de indeterminación, acarician la idea de infinitud y despiertan la conciencia de los límites de mi mundo.

¿De qué manera existen? De esa manera en que existe el mundo para los niños que aún no hablan. Un fluido sin lindes como el agua. Un principio anterior a la conciencia del principio, que fue el verbo.

Silencio en cuyo interior dormita la palabra por venir y su potencia germinativa. Humus analfabeto y fértil que quiere despertarse al ser pisado y por eso nos llama con inaudibles balbuceos. Selva indivisa de la indeterminación, ilimitada potencia, riqueza sin tasa ni reparto, reserva salvaje y verde esperanza de cuanto no se sabe.

Son discretos los primeros pasos al entrar a un bosque. Apenas nada cambia. Los compases iniciales del paseo nos internan espacio adentro pero, sobre todo, nos internan en otra dimensión temporal que transcurre más despacio. Por eso es necesario que sigamos caminando un buen rato para que el bosque abra los poros de nuestra receptividad y nos sumerja en su atmósfera, bajo su influjo. Deponemos entonces nuestras armas, nos entregamos y nos hacemos algo suyos, al menos mientras dura la inmersión. El tiempo que nos tomamos para dar un paseo por los árboles es un tiempo que nos damos, como nos damos cualquier otra cosa que nos hace bien, alimento, pausa, sueño reparador, compañía, conversación, terapia, medicina.

El bosque nos apacienta. Nos hace bien, entre otras cosas, porque es el perfecto antídoto de la época más acelerada de la historia de la humanidad, la perfecta resistencia al culto a la rapidez que nos vuelve rehenes incapaces de digerir lo que pasa y nos arrastra hacia un abismo de incertidumbre. Ninguna necesidad habría de elogiar la lentitud si no padeciésemos esa fe ciega en la rapidez que tantas veces conduce al error y a la chapuza. «Despacito y buena letra», parece decirnos entretanto el árbol, al unísono con don Antonio Machado, como si quisieran regalarnos una lección de lentitud.

«Lento» viene de *lentus,* que también significa flexible. Aunque su segunda acepción en el diccionario de la RAE —«poco vigoroso y eficaz»— se encuentra en las antípodas de la mayoría de los árboles, sin necesidad de pensar en secuoyas, alerces milenarios o en *pinus longaeva* de las californianas White Mountains. El árbol nos enseña que lo lento puede ser, contra el diccionario, vigoroso y eficaz, incluso fuerza que hiende la roca y derriba el muro.

El árbol nos enseña lentitud. Y la lentitud nos enseña esa forma de flexibilidad que es la paciencia. Igual que el arte de la poesía o la pintura, cuando activan un juego combinatorio de posibilidades que fertiliza sus mejores frutos en la duración y la indiferencia a la prisa. De ahí que no convenga exigir rapidez a los procesos artísticos. Un artista, igual que un árbol, necesita *su tiempo* para dar fruto. Una semilla de cereza puede esperar un siglo hasta que encuentra la mejor oportunidad para germinar. Y aún hay otras más pacientes.

*

Desde el tiempo pausado de los árboles, en esa dilatada duración que sobrepasa nuestra corta mirada, todo abraza sus ciclos antitéticos, se gira sobre sí para ser otro. El tierno brote verde es la hoja seca que cruje en el otoño, las raíces escarban en lo hondo del anciano donde aún, en sordina, juega el niño.

Cuántas veces el tiempo vegetal revela todo aquello que germina a espaldas de la piel, en el envés de la dura corteza y su apariencia. Cuántas veces ha visto, el vigía entre hojas, caer a lo más bajo lo más alto, desbordarse las aguas y volver a su curso, olvidar lo sabido con esfuerzo y aprenderlo de nuevo a contratiempo, volverse odio el amor, y de nuevo otra vez amor el odio.

Desde el tiempo paciente de los árboles se entiende que la prisa es una forma de ceguera.

Gracias a una extraña confluencia de azares y a la generosidad de Paola Vezzani, en marzo de 2010 me encontraba nada menos que en *el fin del mundo*, más concretamente en el parque etnobotánico Omora, al norte de Isla Navarino, en la ribera sur del canal Beagle y sobre el Cabo de Hornos. Invitado por la Universidad de Magallanes y la fundación Omora, pasé una semana allí colaborando con la puesta en marcha de lo que Ricardo Rozzi denominó «ecoturismo con lupa».

Frente al turismo que busca lo grandioso y lo espectacular —tan frecuente por aquellas tierras remotas— y en contra de sus consabidas inercias, Omora prefería potenciar lo pequeño, lo cercano, lo discreto, fijar la atención en seres vivos o comunidades minúsculas que por lo general pasan inadvertidas. Se trataba de una idea sugerida por la propia idiosincrasia del parque, pues en aquel bosque templado subantártico —el más austral del mundo—, además de los típicos ñirres, lengas y coigües (árboles bandera), además de canelos, orquídeas y helechos, menudea una enorme variedad de plantas no vasculares, briofitas, muchas de ellas endémicas, musgos, líquenes, hepáticas…, que en su conjunto representan un elevadísimo porcentaje de la población mundial de estas formas diminutas de vida.

Tenía guasa aquello de haber tenido que viajar tan lejos para aprender a mirar de cerca, pero lo cierto es que la modalidad de atención que allí se proponía me resultaba muy familiar, pues no era distinta de la que reclaman las buenas pinturas, si no con lupa, sí desde muy cerca, con esa cercanía que no solo entraña proximidad espacial sino también implicación afectiva, allí donde el tacto ya casi toma el relevo del ojo y accede a otra forma de conocimiento y de encuentro más íntimo, en esa acepción de «contacto» que también significa «enlace».

Además de los eslóganes «ecoturismo con lupa», o «bosques en miniatura» —sin duda atractivos y eficaces—, a mí me gustaba mucho la expresión «vida sobre la vida», que finalmente quedó relegada. Pese a ser más genérica, hacía referencia a un hecho fundamental: muchas de esa diminutas formas de vida crecen sobre otras formas mayores de vida, por ejemplo y con mucha frecuencia, los troncos de los árboles.

Mirando las gotas de rocío engastadas en el terciopelo verde de los musgos, las bellísimas texturas de las yuxtaposiciones de líquenes y tantas minucias de la orfebrería botánica, no podía dejar de pensar en otras composiciones de formas y colores que también se asientan en madera de árbol, y en la delicadeza con que habían sido ejecutadas tantísimas pinturas, temples u óleos, en altares, en cofres, en sarcófagos, en tablas románicas o de los primitivos flamencos, en maderas de nogal, de abeto, de roble, de haya, maderas cubiertas de albayalde que acogían la vida detenida de los pigmentos, los minuciosos detalles de la flora de *El cordero místico* de los hermanos Van Eyck (1432), la delicada vegetación de *El paso de laguna estigia* de Patinir (1520), la mismísima *Gioconda* (1503-1519) y el álamo anónimo que la acogió de por vida y cuya memoria se esfuma.

El término fue acuñado por los botánicos James H.
Wandersee y Elisabeth Schussler hacia finales del
pasado siglo tras un estudio de campo y aludía a
la incapacidad de los jóvenes estadounidenses para
apreciar el mundo vegetal, pero en realidad se trata de una ceguera, o al menos de un sesgo percep-
tivo —y por tanto cognitivo—, que afecta a una
gran parte de la población urbana. Cierto es que
los árboles y las plantas se mueven poco y muy despacio, no presentan grandes contrastes cromáticos
y rara vez suponen una amenaza inmediata para
el ser humano. Tampoco ayuda mucho a verlos la
creciente urbanización del mundo y la educación
zoocéntrica que recibimos. Sólo hay que reparar
en la escasa aparición de árboles en los cuentos in-

fantiles frente a la avasalladora aparición de animales y humanos.

Estos y otros motivos dificultan la percepción del mundo vegetal —reducido a una masa verde anónima y desapercibida—, pero a mí me parece que la llamada *plant blindness* no es sino una parte significativa de otra ceguera mayor, la *ceguera espiritual* (por usar palabras de Josep María Esquirol en su libro *La escuela del alma*), que consiste en no ver que el mundo, en su conjunto, es nuestra casa.

Como la práctica totalidad de los urbanitas, yo también he padecido transitoriamente esa forma de invidencia. Caminaba por las calles de mi barrio persiguiendo las puntas de mis zapatos, siempre obedientes al ir, al hacer, al llegar, al poder. Fue así hasta que poco a poco, por entre la cuadrícula urbana dominada por líneas horizontales y verticales, entre la arrogante rectitud que se impone como el trayecto más rápido, en medio de la trama de cemento y hormigón que no respira, comenzaron a aparecer naranjos amargos, plátanos, acacias, palmeras, jacarandas... Y con ellos un inagotable repertorio de troncos, ramas, hojas, brotes, flores, raíces, lianas..., formas orgánicas imprevistas e irregulares, curvilíneas, arqueadas, torcidas, enroscadas, formas amables que ofrecían a mis ojos el contrapunto de tanta rectitud y de tanta dureza y tanta geometría.

Pensé entonces en lo tristes que serían los trayectos urbanos si no pudiéramos alzar la vista y oxigenarla en las copas de los árboles, aunque también en los pedazos de cielo y hasta en el vapor de alguna nube que asoma entre los huecos de los edificios. Pensé en esa parte agreste de mi vida que aún puede prescindir del asidero protector de las cuadrículas y desea vivir en esos huecos, donde crece y respira todavía lo orgánico y lo verde.

La escritura de este libro ha corregido algunas dioptrías, porque el deseo de nombrar también estimula al ver. Y ocurre que, a medida que uno va recuperando la visión no dejan de aparecer árboles y dibujos de árboles por todas partes.

Las visiones aéreas de los ríos inmóviles. La fugaz aparición del rayo en medio de la noche. Los caminos del deshielo montaña abajo. El avance de algunas grietas sobre el muro. Las varices azules bajo la piel. El dibujo de la savia en la hoja de la yedra. Bronquios, bronquiolos y alveolos del pulmón. Las barbas despeinadas de una pluma de águila. El árbol vascular de las venas y las arterias. Los árboles alquímicos o cabalísticos. Candelabros de siete brazos. El árbol de Porfirio y el árbol de la ciencia de Ramón Llull. Las ramificaciones de las dendritas de las neuronas que tan bellamente dibujó Ramón y Cajal gracias a su microscopio. El árbol de las casualidades que acaso no lo son.

Sobre mediados de abril, apenas quince días después de la llegada de los vencejos, florecen las melias de la avenida. Los gritos de unos y el perfume de otras vienen a decirnos lo mismo: que el tiempo gira. Mientras vuelan en círculo, los vencejos esparcen por el aire reiteradas notas agridulces. Son agrias por lo agudo; dulces, porque confirman el regreso de la primavera. Las flores de las melias disponen cinco pétalos de color lila pálido en forma de hélice y con su giro, al caer, desprenden un intenso perfume que también confirma el regreso de la primavera. Sus frutos son redondos cual mundos diminutos y sus duras semillas se utilizan como cuentas de rosarios, de ahí que a la *melia azedarach* o cinamomo se le llame también árbol de los rosarios o árbol santo.

Según recuerdo vagamente, la letanía en voz alta del rosario, con su sarta de cuentas, genera una especie de sopor que disuelve la dureza del tiempo lineal y lo doblega con las artes de la reiteración. Ese estado casi hipnótico suspende la conciencia en un tiempo que ya no va sino que gira.

A veces se dan raras sintonías. Cuando el perfume de las melias y los gritos de los vencejos se superponen a media tarde en la avenida, se siente uno inspirado para entonar un rezo o algo parecido que se atreva a dar las gracias a las flores y a los pájaros —aunque también a las casualidades y a las ganas de hallar algún sentido en ellas— por anunciarnos que no son solo los cuerpos celestes los que giran y traen el cíclico regreso de las estaciones, sino también nosotros, el tiempo del que está hecho nuestro cuerpo y nuestra vida, ese tiempo que ahora se detiene, se enrosca y sigue y sigue dando vueltas sin ir a ningún sitio salvo aquí, este aquí que se respira por la nariz y por los oídos y es también, por supuesto, aquí dentro.

BONDAD VEGETAL

Sé que es un título atrevido pero, ¿quién no se ha dejado llevar por la muy literaria afición de proyectar cualidades humanas sobre los árboles?

El árbol da, y hay una enorme desproporción entre lo que pide y lo que da. Sin ellos no sería posible para nosotros la vida en la Tierra. Ni biodiversidad, ni aire, ni suelo, ni agua. Un árbol es una superficie gigantesca que envía a la atmósfera toneladas de vapor de agua e invoca la lluvia, un enorme pulmón que se traga el dióxido de carbono y lo convierte en madera, en hojas, en frutos y en el aire que respiramos entre diez y veinte veces por minuto.

Los árboles plantan árboles cuyo fruto no ha de ser suyo y ni siquiera su sombra. Dan sus frutos y sombra incluso a quienes los van a talar. Y hasta el mango del hacha o de la sierra. La mesa en la que comen y el catre en que reposan. Si reciben un fuerte golpe —como el almendro florido de Horacio—, sueltan una lluvia de flores. Hacen el bien sin saber a quién y sienten una indiferencia leñosa ante esa cuestión.

Cuando los recursos menguan reducen sus necesidades, y en esa conducta tan sencilla, ahora mismo, cuando el exceso demográfico y la debilidad del planeta comprometen nuestros equilibrios, algunos queremos ver, si no una solución, al menos un camino. En esa austeridad del árbol, casi ascética, que aprende a vivir con menos, para que la vida siga. Solo si regulamos nuestro paso por este mundo podremos seguir viviendo por aquí una buena temporada. De lo contrario...

Hasta ahora los hemos visto, prioritariamente, como recurso disponible al servicio de nuestros intereses. Nos los hemos comido, hemos respirado su aire, nos hemos cobijado en ellos, usado su madera y sus medicamentos... Tal vez sea el momento de aprender algo más de su bondad —que es su belleza—, algo más de la verdad pacificadora de los árboles.

ÁRBOLES DE SORIA

Tres motivos literarios nos llevaron a Soria aquel otoño de 2014. *El olmo seco* de Antonio Machado, *El Monte de las Ánimas* de Gustavo Adolfo Bécquer y, sobre todo, *Los montes antiguos* de Enrique Andrés Ruiz, que Lola y yo habíamos leído recientemente en su primera versión.

Una niebla espesa al anochecer desdibujó nuestro deseo de ascender al Monte de las Ánimas y, apenados, decidimos regresar a mitad camino.

La memoria del olmo de Machado no la buscamos en el ejemplar que se exhibe muy bien señalizado tras una filigrana de forja acaracolada junto al cementerio de la iglesia del Espino donde descansan los restos de Leonor, sino paseando junto al Duero hacia la ermita de San Saturio. Durante un buen tramo nos acompañó y nos ayudó a vencer obstáculos un viejo extremadamente vigoroso que nos encontramos. ¿«De qué fuerza telúrica, de qué savia, de qué vida subterránea», había podido surgir aquella verde lozanía en un hombre tan anciano? Nos confesó, al ser preguntado, que comía bellotas en polvo y nos regaló unas cuantas indicándonos el modo en que debíamos secarlas y machacarlas en un mortero. Anotamos «la gracia de su rama verdecida» en nuestra memoria, y vimos en aquel *senex viride* otro milagro más, «hacia la luz y hacia la vida», una primavera a destiempo entrado ya el otoño en el invierno.

Por último, nos encaminamos hacia el monte de Valonsadero, bajo el pico Frentes, en busca de las descripciones de *Los montes antiguos*. Tras comer en la Casa del Guarda un excelente corderito lechal, un sublime revuelto de setas y un Ribera del Duero que nos hizo expertos en micología, reconfortados y envalentonados por la ingesta, por los caldos y por la estimulante lluvia fina que caía, nos regalamos un dilatado paseo en busca de curiosidades geológicas, rocas de arenisca, abrigos con pinturas rupestres y senderos entre bosques de robles.

Lola era entonces muy joven y sintió el deseo irreprimible de subirse por las bravas a uno de aquellos magníficos robles, un hermosísimo ejemplar sano y robusto, cubierto de destellos acuosos y tapizado de verdín. Cuando vine a darme cuenta la estaba viendo caer desde lo alto, sin poder hacer nada, y ayudándola poco después a levantarse del suelo, medio coja, con un esguince que al principio negó y logró disimular (aún pudimos tapear esa noche y trasegar algunos vinos terapéuticos), pero que al día siguiente, cuando los efectos del alcohol habían comenzado a disiparse, se afirmó como el desgarro de algún antipático ligamento de la rodilla.

No recuerdo haber sentido entonces deseos de interpretar aquella caída y tampoco voy a hacerlo ahora. Las verdosas humedades suelen ser resbaladizas.

EL ÁRBOL Y EL BOSQUE

La miopía que se estanca en el detalle cercano no alcanza la percepción del conjunto y el individualismo que se mira el ombligo ignora cuanto conviene a la comunidad. Que el árbol no deje ver el bosque, tal y como advierte el conocido refrán, es un problema de inmadurez ocular y falta de perspectiva. No menos grave resulta el error inverso, que el bosque no deje ver el árbol, cuando la abstracta generalización ignora a la concreta singularidad y trata de reducir la diversidad del mundo a un conjunto uniforme y homogéneo, a un monocultivo. Cuántas veces se ejerce violencia, en nombre de la razón instrumental, sobre los árboles que se muestran refractarios a la síntesis, a la estadística, a la imagen de satélite y a cualquier sistema general de clasificaciones y esquemas absolutos. Y a nadie se le oculta que es en esos árboles que no permite ver el bosque —tan tecnológicamente tupido en estos tiempos—, donde crece la resistencia estética capaz de señalar, desde su propia singularidad resguardada, que la vida no acontece en la abstracción de los planos generales ni en la luminosidad de las pantallas, sino en la concreción de su propia soberanía tangible, en el íntimo rumor de la savia, en el baile de las hojas, en la pulpa de los frutos o en las rugosas grietas de los troncos. Sobre todo en las rugosas grietas de los troncos.

AZAHAR

Valencia, primeros días de abril de 2024. Ya se ha dispersado el tufo de aceite recalentado de los puestos ambulantes de buñuelos y churros que sitiaron la ciudad durante la primera parte del mes de marzo con la excusa de las fallas. No queda rastro tampoco del olor a pólvora y han dejado de sonar las irritantes explosiones de petardos y *mascletàs*. Los días se estiran, la luz aumenta, el aire, más templado, huele distinto, se le ha incorporado el perfume del azahar, a veces como escueta vaharada de naranjos ornamentales, otras como gozosa invasión de los campos vecinos.

¿Qué no se habrá escrito sobre el perfume de la flor del naranjo? Dulce, agradable, delicado, todo un filón para la industria cosmética (jabones, perfumes inciensos, aceites esenciales...) y, por lo visto, también para el llamado *marketing* olfativo, una estrategia subliminal que predispone favorablemente a los posibles clientes o aumenta la fidelización de los mismos por medio del olfato, el menos consciente de los sentidos.

Siento una gran perplejidad al comprobar lo frecuente que resulta atribuir al azahar propiedades calmantes y ansiolíticas aptas para combatir el estrés, la ansiedad y la depresión. Y al saber que en manos de las novias, o en sus cabezas, se asocia a la pureza y la castidad. Mi experiencia como valenciano, reiterada en el tiempo y avalada por numerosas constataciones empíricas, asegura lo contrario. El perfume del azahar es excitante, embriagador, hipnótico; predispone el ánimo a la abierta receptividad y nos deja desarmados en manos del azar.

Todavía recuerdo cuando, con infalible intuición infantil, confundía las palabras «azar» y «azahar», felizmente entrelazadas en mi personal genealogía léxica. Y en esa vaga paronomasia encuentro la mejor manera de explicar el embrujo del perfume de la flor del naranjo, como una floración de la memoria involuntaria: ofrenda tácita de infinitas posibilidades aún en danza sobre el verdoso tapete de un juego que prosigue y no se extingue; dulce invasión de la exterioridad, sutil e inapelable; savia primaveral borboteando; pequeño éxtasis, ebriedad de aspirar y colmarnos —contra todo proyecto cósmico o teológico, contra toda explicación cosmogónica—, con el dulce, con el blanco, con el trágico imperio de lo azaroso. Abiertos a lo que sea, a lo que el azahar quiera.

Cada primavera nos lo dicen los naranjos si estamos dispuestos a escucharlos.

LAS VOCES DE LOS ÁRBOLES

Repiqueteo de hojas percutidas por gotas de lluvia. Golpes leves de flores y hojas que caen sobre tierra. El murmullo coral del paso de los vientos por la fronda verde, con infinitas variantes desordenadamente registradas por la literatura universal. Ruido de insectos ebrios de savia. Sílabas de nuevos brotes que comienzan a pronunciarse. Crujidos de ramas y troncos forzados por el viento. Bisbiseos inaudibles de raíces bajo tierra. Rumores de agua de lluvia al deslizarse por las estrías de los troncos. Crujir de hojarasca otoñal bajo el paso presuroso. La grave expiración, el costalazo seco del árbol cuando es abatido y golpea la tierra. Chasquidos del escarabajo de la ambrosía cebándose en la albura de trozas y árboles caídos. Fragor del fuego que exhala la madera de los árboles al arder en un incendio forestal. El manso crepitar de las hogueras domésticas. Los quejidos de la silla bajo el peso repentino. Las protestas de las vigas que soportan la techumbre. Las voces ateridas de las puertas que se contraen por el frío del invierno exterior. El empellón de proa que rompe las aguas (tajamar que hiende las aguas), el oleaje sobre el roble de estribor, las quejas de mesana, botavara, la mayor, cosquilleos de corrientes por debajo de la quilla. El arce del mástil de la guitarra española. El palisandro de la flauta dulce. El boj de la lira de Orfeo. El nogal de la baqueta sobre la piel de cabra. El ébano del oboe. El fresno del arpa. El diapasón de granadillo. El abeto de la viola de gamba. La caoba del piano. Las maderas de luna de los viejos lutieres. La historia, la memoria, la vida entera del árbol resonando en cada nota.

Las voces de los árboles son también las de sus inquilinos los pájaros, cuando vibran al amparo de la madera. «¿Dónde cantan los pájaros que cantan?» Se preguntaba Juan Ramón. Y lo cierto es que emiten sus reclamos, sus alertas y sus cantos por doquier, por cualquier sitio, por el aire, incluso en jaulas, pero sus voces no serían las mismas sin la complicidad acústica de la madera de los árboles. El mirlo, el ruiseñor, la calandria, son especies forestales, y allí donde hay un jardín, un parque o un bosque, encontramos la alianza feliz, la magia simbiótica de árboles y pájaros (unos les dan casa, flores, frutos, bayas…, otros a cambio ahuyentan y comen insectos, polinizan y dispersan semillas…), algarabía de pájaros que cantan a la luz —que viene o que se va—, a las hembras, al territorio protegido, al propio templo del árbol, donde mejor resuena la música coral, la música sacra bien temperada por el cuajo de la madera en la que también percute el carpintero chamán su hipnótico tamborileo. «¡Árboles!» —exclama García Lorca—, «Vuestras músicas vienen del alma de los pájaros».

Con el paso del tiempo, los árboles también aprenden a hablarnos en silencio, cuando la paleobotánica desvela los relatos que guardan los ejemplares fosilizados y da voz a hojas, tallos, semillas, resina, ámbar, copal… ecos remotos de aquellos tiempos ágrafos de la prehistoria. Sin necesidad de irse tan lejos, la dendrocronología observa los anillos de crecimiento y reconstruye la historia del árbol y su entorno. Árboles talados que sólo revelan la totalidad de su biografía —tan bien ceñida a los ciclos estacionales— cuando están muertos, cuando su círculo vital se cierra y la narración concluye por fuerza.

ALCORQUE

Una tarde de finales de abril de 2024 regreso caminando a mi casa por la calle Luis Santángel. Me detengo cuando veo a dos niñas pequeñas escarbando la tierra de un alcorque. No tendrán más de tres años. Sus padres están cerca, sentados en la terraza del chaflán tomando una cerveza. Mientras los mayores se relajan tras un día de trabajo, las niñas juegan bajo un árbol. En el pequeño alcorque de apenas un metro cuadrado cabe el tronco de una acacia, vainas, hojas y flores caídas, delgados tallos secos, colillas, piedrecitas, orines de perro y tierra arcillosa. Es un reducto anómalo en medio de la trama pautada del pavimento urbano, una especie de ventana o aliviadero por el que respira la tierra a través del árbol y ahora, también, es el escenario donde convergen los juegos de dos niñas pequeñas imantadas por su textura y su color. Tocan la arenilla, la rayan con ramas, la horadan, abren las manos y escarban, igual que el árbol abre más abajo sus raíces. Son dos angelitos haciendo cosquillas a la corteza terrestre. ¿Será verdad que por debajo del cemento y del asfalto sigue estando la tierra? ¿La tierra humilde, sumisa y fecunda, el pródigo regazo maternal donde volver a renovar las energías?

Mirándolas he pensado que la infancia es un misterio y que la tierra es un misterio, que la infancia es sagrada y que la tierra es sagrada. He pensado que, con sabia intuición infantil, esas niñas saben lo que hay que hacer, lo que debemos hacer para salir de toda esta confusión y reencontrarnos: volver a meter las manos en la tierra.

No es sólo la desproporción de la movilidad automotora —más de cien mil aviones sobrevuelan el planeta cada día— al servicio del frenesí turístico y de los viajes relámpago *low cost* con su elevado coste medioambiental. Es como si ese absurdo imperio económico que más arriba denominamos turbocapitalismo nos obligara a movernos sin tregua, sin pausa, sin morada.

Al ver todo ese despilfarro (ni economía, ni ecología) y toda esa desazón movilizada, entran ganas de imitar, también en eso, el ejemplo de los árboles. Cuando nos detenemos ante su serenidad y su silencio recordamos que hay algo diferente a la música atroz de la inquietud y el desasosiego.

Si los árboles comenzaran a andar, ¿qué fuerza podría detenerlos? Sin embargo, ante la amenaza del rayo, del fuego, de la sequía o de los grandes herbívoros, prefieren quedarse donde están. Desarrollar una extrema sensibilidad, una eficaz inteligencia —llamémosle así— o un virtuosismo bioquímico que les permite sobrevivir en la aparente inmovilidad. La economía arbórea se vale de increíbles estrategias de adaptación para prosperar con lo que tiene cerca y a juzgar por los resultados —ellos estaban ahí antes de que llegáramos nosotros y probablemente seguirán ahí una vez que nos hayamos extinguido— no les va nada mal.

Moverse, se mueven, por supuesto, crecen *hondo y alto*, ensanchan tronco y fronda, expanden raíces y multiplican conexiones. El tronco se adelgaza en ramas, se adelgaza en hojas, se adelgaza en polvo que dispersa la vida por tierra. Se mueven en busca de la tierra donde la vida pueda perpetuarse y eligen la calidad y la cantidad de sus movimientos, su ritmo, su eficacia. Como nosotros crecen y se transforman. Como nosotros tienen sed. Pero saben saciarla sin desplazarse. Y hay una extraña forma de heroísmo vegetal en esa manera de resistir que consiste en plantarse, ocupar un sitio, sostenerse en silencio, perseverar. Vivir por completo lo que la fortuna traiga sin huir cuando las cosas se ponen feas, a diferencia de quienes tenemos los pies ligeros. Es el dinamismo de una vida sedentaria, pacífica, curvada sobre sí, enraizada y muy conectada con su comunidad.

Al margen de las legítimas inquietudes del espíritu, moverse más de cualquier manera no habría de ser preferible a moverse menos y mejor si lo cuantitativo no hubiese aplastado —también aquí— a lo cualitativo. Menos no siempre es más, pero muchas veces es mejor.

Con la particular disposición de sus ramas, muchos árboles nos hacen pensar que abren sus brazos a las alturas en espera de algo: están rogando al cielo. Algunos, como las araucarias, parecen hacerlo sin angustia, con elegancia y moderación. Otros, como los plátanos de sombra o los viñedos recién podados, con la fuerza expresionista de sus muñones, vástagos y sarmientos.

Una de las pinturas que mejor nos enseña a apreciar esta prosopopeya es la *Abadía en el robledal* de Caspar David Friedrich, pintada en 1810, tal vez como pareja del *Monje a orillas del mar*. En la parte inferior de la escena, un cortejo fúnebre de monjes con un féretro se interna en unas ruinas góticas inspiradas en la abadía cisterciense de Eldena, muy cercana a Greifswald, lugar de naci-

miento del artista. Sin lugar a dudas —aunque se haya barajado también alguna interpretación política—, la muerte es el tema del que se ocupa el cuadro, como tantos otros de un pintor marcado por la fatalidad. Había perdido a su madre y a dos hermanos siendo niño, a otra hermana años más tarde y, poco antes de finalizar esta pareja de pinturas, a su padre.

Sin embargo, la presencia humana de la triste la comitiva apenas resulta perceptible, discurre casi con clandestinidad al amparo de la oscura penumbra del anochecer. Muy por encima de ella, lo que visualmente se destaca y cobra protagonismo son las copas de los robles, silueteadas a contraluz sobre las últimas luces de un día que se extingue. Cuesta no ver en ellos una elocuente personificación, no solo porque el tópico afirma que el artista romántico proyecta sus sentimientos sobre la naturaleza y se reconoce en ella, sino, sobre todo, porque el propio Friedrich, quien ya había otorgado a numerosos robles el tratamiento privilegiado del retrato, escribió: «El artista no debe pintar meramente lo que ve ante sí, sino también lo que ve en sí».

De modo que vemos estos robles deshojados y nudosos como si fueran humanos, y como si fueran humanos elevan sus brazos y abren sus manos, claman al cielo. Lo hacen cuando el día se apaga, sugestionados tal vez por la idea de su propia extinción, y elevan sus manos al cielo pidiendo más aire, más día, más tiempo y más luz... Pidiendo más. En las cuencas de esas manos y a lo largo de esos dedos palpita el deseo de lluvia y agua nueva.

Pero no pasa nada, solo pasa el tiempo que trae la noche. Y el silencio de Dios se hace de piedra. Es entonces cuando los robles entonan su plegaria.

Plegaria viene de *precarius* (precario, pobre) y de ahí que, aun siendo el roble símbolo de fortaleza, su plegaria sea humilde y su espera paciente. Lenta como la delicada transición de las últimas luces del día a las primeras sombras de la noche. Y humilde porque, al abrirse hacia el cielo y a medida que se elevan, las ramas se adelgazan, se hacen frágiles y se retuercen como detalles minuciosos.

Los detalles pequeños piden atención, pero la piden en voz baja. Y la fidelidad al detalle es el testimonio de una atención impregnada de amor.

Sobre la escena, el ojo de una luna creciente lo está mirando todo.

Es la esperanza que anuncia un giro hacia la luz.

*

La esperanza es verde, como los árboles, y aunque en más de una ocasión se haría uno fuerte suscribiendo, igual que Séneca, el célebre *Nec spe nec metu* (*Sin miedo ni esperanza*) tantas veces repetido, cuando no se acompaña de la resignación ni se degrada en una espera inactiva sumisa a las promesas exteriores, la esperanza es savia nueva, fuerza que impulsa la vida y la transforma.

Siembra que invoca al grano, la esperanza mira al *todavía no* de cara, orienta el ánimo y enfoca la atención hacia lo que puede ocurrir, para ayudarle a ocurrir.

La esperanza es verde, como los árboles, y el corazón reverdece cuando alienta ilusiones confiado a lo por venir. Sin embargo, la imagen más bella de la esperanza que guardo en mi memoria no es un árbol verde sino el árbol deshojado de Tarkovski, discreto protagonista su última película (*Sacrificio*, 1986).

Se retoma allí la leyenda de Juan el Enano, uno de los Padres del Desierto que fue obligado por San Pambo a plantar un árbol seco y a regarlo todos los días hasta que reviviera. Al cabo de tres años floreció y dio frutos.

La belleza de la imagen de un niño que, sin terminar de entender lo que está haciendo, riega un árbol seco con la ilusión de que florezca algún día, es por sí misma un símbolo capaz de fortalecer nuestros mejores hábitos. La convicción de que el árbol florezca no es tan poderosa como la convicción del sentido que tiene seguir regándolo.

El riego sostenido es ya un florecimiento. Sostenerlo, un mandato de vida.

Recuerdo con mucho cariño cuando Agustín García Calvo —mucho más partidario de la confianza que de la esperanza— nos recomendaba, a quienes deseábamos escribir poesía, que nos atuviésemos al ritmo y a la métrica. Lo demás se nos daría por añadidura.

De vuelta a la casa de la montaña tras un día fatigoso en la ciudad, cumplidas —más o menos— las múltiples tareas de la jornada, me siento en la terraza a ver anochecer. Está reciente el solsticio de verano y la puesta se demora con lentitud contagiosa. Aquieto mis tensiones y pienso que lo justo sería dar las gracias también a la prisa que me ha llevado en volandas todo el día y me permite ahora, por contraste, disfrutar de esta calma. Y dar las gracias, igualmente, al cemento, al ladrillo, a la ciudad.

En un conocido pasaje de la *Geórgicas*, Virgilio escribe: «¡Oh, bienaventurados los labriegos,/ si conociesen todo el bien que es suyo!». Este bien que se aprecia mejor desde la separación y la distancia, desde ese dichoso ir y venir que agranda todo lo que la montaña me da. El tacto de la tierra, el silencio de la noche abierta, la envolvente presencia de los árboles, que saben estar arriba y, a la vez, al lado. Hay que separarse para ver, y en la distancia estética florece la riqueza de todo lo que no soy yo, aunque también lo sea. Esa distancia estética no solo es perspectiva y visión, sino también deseo que se nutre de la espera, deseo de volver que canta si te has ido, solo cuando te has ido.

Hace tiempo que dejé de preguntarme si pertenezco más al monte o a la ciudad, y aunque muchos interminables veranos infantiles me enraizaron muy hondo en esta sierra, la urbe fue escenario de cruciales peripecias vitales. Es en el espacio intermedio donde mejor se reconoce mi ser impuro, esforzado, itinerante. La distancia que recorro y lo que recorrer esa distancia hace de mí. El trazo que subraya una dualidad sin deseo de síntesis. Un *Ir y quedarse, y con quedar partirse, (…) y no poder del árbol desasirse.*

Cuántas idas y venidas harán falta para entender que enraizarse y desarraigarse no son verbos opuestos sino movimientos complementarios del mismo compás, del mismo ritmo que nos lleva por el tiempo de la vida.

En su poema *Los robles*, Hölderlin confiesa que desearía vivir entre ellos si su corazón, incapaz de renunciar al amor, no le encadenase a la vida entre las gentes.

Una tarde de principios de julio del 2024 me cito con Alexandre en el parque de La Glorieta de Náquera. Me ha dicho que va a traernos un regalo para la niña. Llegamos antes de hora y descubrimos sobre el suelo restos de flores de acacia y jacaranda, puntitos naranjas y violetas que contrastan entre sí como nerviosos toques de pincel aglutinados por la pegajosa melaza del pulgón. El baile de luces y sombras completa el escenario impresionista en el que la pequeña se mueve a sus anchas y siento que aquí, en el interior de un cuadro de Monet o de Renoir, protegidos por el dulce cromatismo del verano bajo la tutela de los árboles, nada malo puede ocurrirnos.

Lucía deja de corretear cuando aparece Alexandre y se dirige a ella con cierta solemnidad para ofrecerle, sobre las palmas de sus dos manos abiertas, una vara de jínjol, supuesta portadora de alegría y prosperidad, pues con su madera, según nos explica, se fabrican *dolçaines*, tenoras y castañuelas, y toda esa potencia musical parece contenida (por contagio metonímico) en el hermoso bastón, un tiento para afianzar sus primeros pasos por el mundo, que no siempre va a ser un amable escenario impresionista.

Mientras la niña se familiariza con su varita mágica y prueba su resistencia golpeando suavemente el suelo, le cuento a mi amigo que llevo entre manos —aunque también cabría decir entre ramas— un libro sobre árboles, y le pregunto si conoce alguna historia local que pueda recoger entre sus páginas. Descarta, por demasiado conocida, la anécdota del *Pi del Salt*, un majestuoso pino que en varias ocasiones fue salvado de la tala por los picapedreros que habían trabado amistad con él y con su sombra durante duras jornadas de trabajo en la intemperie, y me cuenta la historia, mucho menos conocida, de la *Garrofera Xiquera*, un legendario algarrobo situado en la partida de Mont-Ros.

Según la leyenda local, vigente hasta los años cincuenta o sesenta del pasado siglo, los niños nacidos en Náquera no venían de París ni los traía volando la cigüeña; tampoco procedían del aséptico quirófano de ningún hospital. Los niños nacidos en Náquera eran encontrados al pie de la *Garrofera Xiquera* y llevados desde allí hasta sus respectivos domicilios.

Los helenos amaban los olivos y creían que los hijos de los dioses nacían bajo las ramas del árbol sagrado que hizo brotar Atenea con un golpe de su lanza y era símbolo de fertilidad. Los naqueranos, sin embargo, eligieron al algarrobo como árbol de la vida. Méritos no le faltan. Además de su robustez, inapelable, y de su estoica resistencia a la sequía, el fruto del algarrobo es útil como forraje o alimento (en la posguerra española ayudó a paliar hambrunas) y su enorme relevancia en la economía agraria le confiere un aura de abundancia y prosperidad.

Contemplar un hermoso ejemplar preñado a la vez de flores rojas y frutos verdes y maduros, algunos de ellos nacidos directamente sobre el tronco o el tallo de las ramas añosas, es un espectáculo

—casi un arquetipo— que evoca la fuerza genésica de la naturaleza en su totalidad. No es de extrañar, por tanto, que los pequeños niños dioses naqueranos aparecieran bajo la fronda de una *Garrofera Xiquera* que auspiciaba su acceso a la vida, una robusta comadrona o, mejor aún, una madre fabulosa de la que pendían como pequeños cornezuelos de la abundancia brillantes algarrobas y, junto a ellas, al pie, llorando, diosecillos recién nacidos a un mundo bastante menos viejo que el nuestro, en el que no se habían extinguido por completo la riqueza y la fertilidad de las narraciones míticas orales.

¿Hay estancia más bella que una vieja carpintería? Seguramente, pero no en mi memoria, que guarda como oro en paño todas las que me impresionaron, tanto más cuanto más viejas y destartaladas. Como oro en paño las virutas y el serrín bajo un sol que se ablanda a través de los cristales esmerilados, igual que en el *Filósofo meditando* de Rembrandt.

Los lugares donde los árboles entregan su madera a las manos de los hombres tienen algo venerable, casi sagrado, una atmósfera íntima de cámara secreta o de útero protector. Lo que allí se trabaja no es una materia más entre otras muchas sino la materia prima por antonomasia, la más noble versión de la materia, la madera que tocamos para ahuyentar la mala suerte, la madera de la que nosotros mismos —*de tal palo tal astilla*— estamos hechos.

Y qué no habremos hecho con la madera. Afanosas carpinterías mayores, esqueletos de fortificaciones, armazones de catedrales, baldaquinos, ambiciosas arquitecturas, puentes, soportales, molinos, arboladuras náuticas…, la recia viga de mesón o caserío, de haya, de roble, de nogal, las cerchas de la nave, las cuadernas del buque, las cubiertas de cedro, de olmo o roble blanco, el caballo de Troya, el arca de Noé… Y también, claro está, la carpintería mediana a la medida de nuestro cuerpo, la cuna, la cama, el zueco, la muleta, la silla, la mesa, la puerta, el hogar y la leña que arde en él, los cazos, las cestas de mimbre de tallos de sauce blanco, las cucharas que nos llevamos a los labios, el corcho de alcornoque de la botella de vino, el suelo de tarima al que se ahorman las plantas de nuestros pies, y también la rueda, el carruaje y la pequeña barca y el deseo de partir, a flote por el río o por el mar, y el ataúd, y la cruz que ponemos sobre el ataúd.

No hay que olvidar los juguetes de madera que poblaron nuestra infancia como un bosque animado, bloques de construcción, casitas, carretas, coches, bicicletas, caballitos con balancín, el plumier, el lápiz, la viruta que saca el sacapuntas con su pequeña cordillera coloreada, el tacto feliz de la mano en la madera, siempre cercana y templada, nunca fría, la empuñadura del tirachinas, del arco o de la espada de juguete, a la que nuestra pequeña palma se adhería con familiaridad, como si la mano y la madera se conocieran ya de mucho antes, de muy lejos.

Y nosotros, ¿de qué madera estamos hechos? Si, como sostienen Francis Hallé y otros científicos, tenemos un pasado arborícola y descendemos de monos que practicaban la braquiación, las ramas de los árboles habrían determinado nuestra anatomía y muy especialmente la forma de nuestras manos y la capacidad prensil que tanto favoreció con su diálogo al desarrollo del cerebro. Estamos, sin duda, hechos de madera, y la memoria de nuestras manos no olvida que de madera es la contrahuella de nuestra carne, de madera de árbol. Por eso tocar madera es *tocar mare*, abrazo, casa.

Ya debía estar allí, en su sitio, cuando mi padre compró la parcela en la falda de la montaña hace casi cincuenta años. Durante todo este tiempo nadie le ha procurado excesivos cuidados, salvo alguna poda, muy de tarde en tarde, casi siempre ejecutada por manos inexpertas en tales destrezas, las mías sin ir más lejos. No recibe otro riego que el de la lluvia y le crecen, como un ejército de enanos proliferantes, vástagos erectos en la base del tronco. No es una higuera completamente inculta, pero casi, aunque ella lo ignora, e, indiferente a todos los cuidados que le faltan, cada verano, a mediados de agosto, puntual como un reloj de higos, nos da higos, tan buenos que debemos estar atentos y apresurarnos para evitar que terminen todos ellos en el buche de las aves frugívoras o perforados por las avispas de los higos, de las que ya hablaba Aristóteles en su *Historia de los animales*.

Así que me acerco, me dejo embriagar por los efluvios densos de su sombra —bajo la que no es recomendable abandonarse a una siesta—, pienso en la maldición bíblica y en las recias ramas de las que se ahorcó Judas Iscariote tras vender a su Maestro, y en las higueras estranguladoras de la selva ecuatorial. Pero enseguida recuerdo que el árbol Bodhi junto al que se iluminó Buda Siddhartha Gautama también era una higuera, y el árbol bajo el que fueron amamantados Rómulo y Remo por una loba. Mientras las suelas de mis chanclas se adhieren a la melaza de los higos caídos recuerdo la receta de mermelada de higos de la Marquesa de Parabere y me pregunto cuántos años, cuántos milenios llevan los humanos comiendo higos y cuántos de ellos, como Platón, filosofaron con una semilla de higo seco entre las muelas.

Pero qué importa todo eso cuando ellos ya te han aturdido con su perfume de lujuria estival y se te ofrecen en sazón y se descaran lúbricos ante tus ojos. ¿Cómo no llevárselos a la boca? No hace falta pensar en sus connotaciones sicalípticas ni en el sexo femenino que tan bien metaforizan en tantos idiomas, basta con tomar uno, mirar de cerca su piel sedosa y el carmesí jugoso que promete entre sus grietas para querer irse con él, a su dulce interior, aunque eso al final no pueda ser y no te quede más remedio que comértelo, porque esa es la manera que tú tienes de conocer el mundo y de hacerte uno con él, con su dulzura.

Ah, los frutos que se abren para darse, sin ni siquiera tener que rasgarles la corteza.

Con esa seguridad un poco vanidosa que otorga la primera madurez, en más de una ocasión me atreví a espetarle a algún joven lector: «No leas las *Memorias de Adriano* de Marguerite Yourcenar antes de cumplir los cuarenta». Más tarde, la prudencia me ayudó a matizar el consejo y me limitaba a decir algo menos imperativo: «Si lees las *Memorias de Adriano* después de los cuarenta, encontrarás mayores y mejores resonancias en tu propia memoria y el texto será más fértil».

Los quejumbrosos crujidos de ramas y troncos, que se clavan en los oídos con la precisión de una astilla seca despertando vagos sentimientos de empatía y compasión, se comprenden mejor y se vuelven más veraces cuando el paso de los años ha enseñado al oído a percibir los crujidos del propio esqueleto.

Viajé por primera vez a la isla de El Hierro, la más joven de las islas Canarias, durante el mes de julio de 1979, con apenas dieciocho años. Vi, entre otras maravillas, árboles distinguidos como El Pino Viejo —uno de los ejemplares mayores de la Hoya del Morcillo—, el Garoé —un tilo que abasteció de agua a la población en épocas de sequía gracias al fenómeno de la lluvia horizontal y que mereció por ello el exagerado apelativo de Árbol Santo— y un bosque de sabinas en La Dehesa que parecía encantado, por las formas retorcidas que adoptaban los árboles debido a los fuertes vientos alisios.

Por aquel entonces, aquellos retorcimientos arbóreos llamaron mi atención, me parecieron muy expresivos y me impresionaron, pero de una forma ajena, superficial, como quien lee algo extraño que le cae muy lejos y, por más que se esfuerza, no puede hacerse una idea cierta de lo que está leyendo porque es incapaz de reconocerlo interiormente.

La suerte me llevó de nuevo a la isla de El Hierro en septiembre de 2005, veintiséis años después, ya con más de cuarenta a mis espaldas. Regresé al bosque de sabinas y entonces comprendí que durante mi primera visita no había visto nada o casi nada, más bien poco, muy poco. No había sabido ver la descomunal, la inevitable, la irrevocable fuerza del viento y del tiempo, causante de unas deformaciones que ahora, quién sabe si por suerte o por desgracia, ya no me resultaban ni externas, ni extrañas, ni ajenas.

Vi en aquellas formas dobladas el peso de los años y el peso del dolor acumulado, la torsión que tienta y tantea la caída curvándose sobre la propia base, a sotavento. Vi en aquellas posturas la conciencia del dolor.

Seguí mirando. Y en la inclinación de las sabinas vi también unas formas de belleza que se alejaban, cada una a su manera, del eje vertical y rectilíneo. Vi el desvío que se aparta del propio centro y deserta del propio ascenso para acercarse horizontalmente a los otros. Vi la inclinación ante la presencia del otro, la reverencial inclinación de cara a su misterio. Y era una inclinación de arriba abajo, del alma a la materia. Como el caer de una hoja.

Han vuelto a pasar un par de décadas en un abrir y cerrar de ojos y ya querría volver a ponerlos allí, de nuevo, para superponer una tercera capa a mi particular palimpsesto de la compasión, para solidarizarme todavía más con aquel bosque de fantasmas que se pierde en la niebla y que al cabo somos todos.

Animula vagula blandula,/ Hospes comesque corporis,/ Quae nunc abibis in loca/ Pallidula, rigida, nudula,/ Nec, ut solis, dabis iocos...

ARBÓREO/RIZOMÁTICO

Veo ahora, cuando este paseo se acerca al final, que su forma se parece más a la de un rizoma que a la de un árbol. Y recuerdo la oposición que establecían Deleuze y Guattari en su libro *Mil mesetas*, entre el modelo arbóreo (jerárquico, centralizado, territorial, direccional, singular, irreversible) y el rizomático (no jerárquico, descentralizado, nómada, multidireccional, fractal, contorsionista), apostando fuerte por las ventajas de este último.

Sin embargo, a mi modesto parecer, todas las objeciones filosóficas que se le pueden poner al árbol desaparecen cuando, en lugar tomar en consideración un ejemplar aislado (algo poco frecuente en la naturaleza), observamos un conjunto, un bosque o selva donde los árboles se dan naturalmente, el hábitat en que prefieren vivir.

Desde luego, lo que ha guiado mis pasos a lo largo de estas páginas no ha sido el modelo o la estructura de un árbol individual, sino la búsqueda de la belleza de los árboles, en plural, el deseo de pasear por un bosque poliédrico en el que una comunidad de ejemplares desiguales busca sus proporciones y entreteje sus relaciones, explícitas o secretas, su oportuna trama radicular. Algo parecido a un gran organismo… o un rizoma.

Ya lo hemos dicho. Que el árbol no oculte la belleza del bosque, pues el sentido de cada uno es crear comunidad, crecer, dar nueva vida. Y que el bosque no oculte la belleza singular de cada árbol en el que el conjunto entero late y se contiene. Que el mito de un yo autónomo —llevado a un extremo patológico como orgullo de prescindir de los demás— no oculte la necesaria dependencia de los demás que el espíritu libre sabe aceptar y, sobre todo, celebrar.

Cientos de millones hojas acompasan su danza de aire y luz. Cientos de millones de raíces cooperan en comunidad, son tierra y agua. Si un árbol nos enseña a ir a la raíz de lo que somos, la raíz de lo que somos es que necesitamos a los otros, con todo lo que eso implica. Raíz no es solo anclaje y alimento, es conexión, enlace, comunidad, alianza. Y ahora mismo, para algunos, el lugar donde puede germinar la necesaria utopía de construir una nueva retícula social que crezca desde abajo, a partir del encuentro de pequeñas comunidades y que, por más que se eleve, no olvide el humus horizontal del que procede; una trama que consiga armonizar las mutuas relaciones de dependencia entre el dosel arbóreo y el sotobosque sin ceder a los señuelos de la agricultura intensivista y el monocultivo. «La selva es una sola (…)/una sola raíz bajo la tierra», nos dice Neruda.

En septiembre de 2024 Lucía tiene ya dos años y siete meses. Apuramos nuestra estancia en Náquera y algunas mañanas emprendemos pequeñas excursiones a la montaña que hay junto a la casa. A veces caminamos de la mano y otras, cuando el terreno se vuelve muy pedregoso, la cojo en brazos. Pesa más de trece quilos y habla con desparpajo. Me gusta cómo se afirma con sus piernas en mi cadera. Con la respiración acelerada le voy diciendo los nombres de los árboles que nos encontramos mientras ella los repite y los aprende: lentisco, mirto, palmito. Algarrobo, higuera, olivo. Abundan pinos de todos los tamaños y todos tienen entre sí algún parentesco. Hay madres y padres, abuelos y abuelas, hermanas y hermanos, primos y primas, amigas y amigos. Cuando pasen muchos días, los pimpollos crecerán y se harán tan altos como sus padres. Gigantes verdes amigos.

Ella también crecerá. Le gusta mucho comer fruta. Come kiwis, paraguayos, melocotones, ciruelos, uva moscatel. Hace unas semanas germinamos una semilla de mango que parecía una habichuela gigante. Hemos acomodado la maceta debajo de un joven enebro y cada mañana observamos con curiosidad el crecimiento del retoño, la gracia con que se estira el tallo y se despliegan sus hojas lanceoladas. «¿Puedo tocarlo?» Me pregunta. «Con mucho cuidado», le contesto, «todavía es muy pequeño». Tengo la sensación de que si nos quedáramos muy quietos durante mucho tiempo podríamos apreciar el lento movimiento del arbolito.

Un mes después estamos ya de vuelta en la ciudad. Y seguimos embobados ante lo que, por otra parte, parece la cosa más simple del mundo: que una semilla germine y se convierta en una planta que no deja de crecer mientras tiene aire, luz, agua, tierra. Que algo tan sabido y tan obvio pueda volverse de nuevo maravilloso es un hecho que no deja de esperanzarme. Nuestro arbolito crece como un deseo. Lo mueve el tiempo. El tiempo es la partitura que su crecimiento interpreta. Es una partitura que podemos bailar a contradanza, para seguir creciendo del revés, regresando al asombro infantil de la mano de un niño. «Lo más alto del espíritu», —escribe Paul Valéry en su *Diálogo del árbol*—«no vive sino de crecimiento».

Se abre una semilla. Estalla muy despacio y en silencio. La tierra maternal alumbra un vástago. Lo fecunda la luz. Su savia bulle, asciende, coge altura. Se vierte a los cielos. Se alimenta de tiempo, lentamente, de agua y sol. Echa raíces. Se deja cultivar; más tarde se cultiva. Gana y pierde brotes, gana y pierde raíces. Crece por encima de sí. Su tronco se yergue entre el follaje y la maleza, su copa se abre a la intemperie: encuentra a otros. A flor de piel lleva su vida. Madura, retoña, despunta renuevos, da flores y espinas, da frutos: con ellos semillas. Fecunda la tierra, regresa al origen y el tiempo se enrosca. De una simiente viene para ser simiente. Por sus frutos se conoce. Su vida es eso: crecer, florecer, darse en el fruto.

Durante el mes de mayo de 2025, mientras las hojas de millones de árboles se abrían en busca de la luz, las de este libro se llenaban de palabras impresas para abrirse a los ojos de quienes quieran leerlas bajo su propia luz.

COLECCIÓN DE LA BELLEZA